TYPO
EST DIRIGÉE PAR
GASTON MIRON

AVEC LA COLLABORATION DE
ALAIN HORIC
JACQUES LANCTÔT
JEAN ROYER

LE SAINT-ÉLIAS

JACQUES FERRON

Le Saint-Élias

Roman

Édition préparée par Pierre Cantin,
Marie Ferron et Roger Blanchette

Préface de Pierre L'Hérault

TYPO

Éditions TYPO
Une division du groupe
Ville-Marie Littérature
1000, rue Amherst, bureau 102
Montréal, Québec
H2L 3K5
Tél.: (514) 523-1182
Télécopieur: (514) 282-7530

Maquette de couverture: Eric L'Archevêque
Illustration de la couverture: Richard Parent
Mise en pages: Édiscript enr.

Distribution:
LES MESSAGERIES ADP
955, rue Amherst
Montréal, Québec
H2L 3K4
Tél.: (514) 523-1182
interurbain sans frais: 1 800 361-4806

Pour la France:
INTERFORUM
Immeuble ORSUD,
3-5, avenue Galliéni
94251 Gentilly Cédex
Tél.: (1) 47.40.66.07
Télécopieur: (1) 47.40.63.66
Commandes:
Tél.: (16) 38.32.71.00
Télécopieur: (16) 38.32.71.28
Télex: 7803702

Édition originale:
Jacques Ferron, *Le Saint-Élias*,
Montréal, Éditions du Jour, 1972.

Dépôt légal: 2e trimestre 1993
Bibliothèque nationale du Québec
Bibliothèque nationale du Canada

Préface

J'avoue un faible pour Le «Saint-Élias», *dont ne sont pas venues à bout les lectures répétées que j'en ai faites: le plaisir et l'émotion m'y surprennent, aussi vifs qu'à la première. Le relire, en le préfaçant, n'est-ce pas l'occasion offerte de chercher des justifications à mes préférences, de dégager la loi de cette combinatoire particulière de raisons d'ordre esthétique, idéologique, affectif qui fait qu'il m'atteint plus qu'un autre? L'entreprise est hasardeuse, je le sais. Elle n'est en fait qu'un prétexte, qu'une amorce.*

❏

Le «Saint-Élias» *me ramène au pays de mon enfance. À celui plutôt de mon adolescence, puisque le premier, quelques kilomètres à l'est de Saint-Pierre-les-Becquets, se trouve, comme il y est dit, hors de portée du regard des Batiscanais et bien près de s'échapper du mien, occupé à reconnaître l'espace trifluvien où vient de débarquer comme collégien. Je retrouve donc avec émerveillement, dans le roman de Ferron, la cartographie précise d'un espace familier. Ses limites est et ouest, Batiscan et Pointe-du-Lac, furent souvent les destinations de nos journées de congé; nous nous rendions même jusqu'à Loui-seville, à l'entrée de laquelle nous bifurquions vers Saint-Alexis-des-Monts, où la troupe scoute installait ses tentes près de la pisciculture Elliott, en plein royaume — nous l'ignorions! — mithridatien et ferronien. Les toponymes du «Saint-Élias» sont ceux des villages de mes condisciples Hamelin, Trudel, Cossette, Gélinas, Veillette... qui partagent les patronymes des personnages de Ferron. Ramené par elle à l'espace de mes apprentissages, au moment de mon passage de l'enfance à l'adolescence, à celui de ma sortie du village, je mesure très intimement l'un des effets de l'œuvre de Ferron, qui est de tracer avec une telle exactitude l'espace physique qu'il puisse, sans risque de confusion, devenir le théâtre du fantastique. Il s'agit là, on l'a dit, d'une caractéristique fondamentale de l'espace ferronien que d'être le lieu de croisement du quotidien et du fantastique. Pour demeurer sur le terrain personnel, je dirai que si je m'attache de cette façon au «Saint-Élias», c'est peut-être qu'il me permet rétrospectivement de réconcilier le quotidien quelque peu contraint de ma vie de pensionnaire et l'étrangeté du rêve qui m'était proposé par l'étude de la mythologie gréco-latine, de la tragédie racinienne et corné-lienne, de l'opéra, etc. Ferron réussit ce que même nos meilleurs professeurs, pour des raisons qui étaient celles des années cinquante, n'arrivaient pas toujours à faire: mêler à nos petites histoires les grandes histoires des Faust, des Marguerite. Et, bien sûr, celle de ce Mithridate qu'il re-prend, sous différents avatars, depuis le début de son œuvre, lui donnant une position de plus en plus importante, au point d'en faire ici, non seulement le pivot de l'action, mais, à la fin du récit, de réunir en lui les trois personn(ag)es de sa trinité (le médecin, le politique, l'écrivain), après lui avoir reconnu l'ascendance amérindienne supposée depuis longtemps par ses rapports avec son double, Sauvageau.*

Le «Saint-Élias» ne repose-t-il pas sur ce jeu du familier et de l'étranger? Le propos général du livre n'est-il pas celui de la limite de l'espace et de son éclatement? Briser l'écrou du Golfe, n'est-ce pas strictement, selon l'économie du texte, sortir du village? Que sa géographie relève jusque dans les détails de l'environnement maternel et paternel, qu'il regorge de références autobiographiques (en particulier reliées à la mère), que le récit en soit lancé par l'oncle chanoine Caron, présidant au baptême d'un trois-mâts, et relancé par un neveu des Caron, le Dr Ferron lui-même, à peine déguisé sous les traits de Mithridate III, cela ne fait pas que Le «Saint-Élias» trace les contours d'un espace clos. Observons plutôt les déplacements. De Louiseville à Batiscan, de Saint-Pierre-les-Becquets à Batiscan, de Batiscan au vaste monde, du vaste monde à Batiscan, d'où l'on repart, tel est le mouvement sans cesse repris. Il m'arrive de penser que nous sommes à la fois les mieux et les plus mal placés pour lire Ferron. Si près des choses dont il parle que leur familiarité fait écran. Nous cherchons les correspondances, les clefs. Les lectures exotopiques[1] qu'on en a proposées ont pourtant montré que son œuvre souffre cette perte du sens familier, a besoin, pour se déployer, d'un dégagement de l'immédiateté interprétative.

L'espace villageois, l'a-t-on suffisamment noté, est construit sur ce rapport du familier et de l'étranger? Pas simplement à cause des voyagements du trois-mâts éponyme, mais également à cause des personnages qui en favorisent la construction et en soutiennent la navigation, qui tous sont d'ailleurs, par provenance ou ascendance.

---

1. «Jacques Ferron en exotopie», titre d'un numéro d'*Études littéraires* consacré à Ferron, vol. XXIII, n° 3, hiver 1990-1991.

Le chanoine Tourigny est de Saint-Pierre-les-Becquets, sur l'autre rive; Marguerite Cossette est métisse; le docteur Fauteux est d'ascendance allemande... Ce sont là détails non négligeables, acquérant tout leur sens dans la célébration des funérailles du Dr Fauteux, magistrale improvisation, relais d'un rituel désuet. Elle figure, à travers le déplacement qu'elle opère, de l'espace clos de l'église à l'espace ouvert sur le fleuve, voie d'eau vers le monde, une essentielle mutation que le narrateur, s'en tenant à la couleur du temps, explicite en écrivant que les nombreux ecclésiastiques, «en prenant place dans le cortège [...] indiquaient qu'ils participaient à la cérémonie à titre de notables d'une province de leur pays et non comme les représentants du pouvoir religieux». C'est au XIXe siècle des Patriotes que Ferron fixe le commencement de notre histoire. Ce rappel aidera à saisir la portée du commentaire et le sens de l'improvisation rituelle autour du cadavre du Dr Fauteux qui, est-il précisé, après avoir été du parti des Patriotes, était de l'Institut canadien. Son suicide, acte «conscient» et «solidaire», n'évoque-t-il pas la mort sacrificielle et amoureuse du Dr Chénier des Grands Soleils ?

❑

Revenons au métissage. Il relativise considérablement l'opposition binaire Anglais/Français, sur laquelle la géographie mauricienne de Ferron semble de prime abord reposer. Cette structure de surface conventionnelle n'est-elle pas nuancée, doublée, même contredite par la rupture génétique du métissage, au sens strict, comme au sens large d'hybridation sous différentes formes? La dynastie des Mithridate repose sur un double accroc à la lignée génétique: la mère, Marguerite, est métisse; Phi-

*lippe, stérile, ne sera pas le père génétique, mais patro-
nymique. La distinction entre paternité génétique et paternité nominale substitue à la loi du sang le principe du
choix, de la volonté, comme fondement de la dynastie.
Choix de Marguerite, fortement favorisé par le Dr Fauteux,
qui, pour amener le jeune et farouche vicaire Armour Lupien dans le lit de la première dame de Batiscan, retrouve
les attributs de son ancêtre nominal Faust. Si l'on ne peut
parler, à propos du père d'occasion, d'un véritable choix
— il ne se pardonnera jamais la position sacrilège où il
s'est trouvé dans un moment d'égarement et qui sera,
déclare d'autorité le narrateur, la «cause véritable de sa
mort» —, il n'en demeure pas moins que tout vient du fait
que pour atteindre le Dr Fauteux, sans contrevenir à l'in-
terdiction de son curé, il a visé un certain Mithridate roi de
Pont, qui ne pouvait désigner à Batiscan que le propriétaire du pont péager, Philippe Cossette, chez qui se tenait à
l'heure de la messe le docteur. Ferron ne cache pas le sens
qu'il attache à la figure du métissage: «[...] je n'ai pas
une conception vétérinaire d'un pays et [...] l'homme
vaut par sa diversité[2].» Et il admettra qu'il a pu grossir
la figure dans l'intention avouée de se démarquer de
l'interprétation clérico-nationaliste de l'histoire, celle du
chanoine Groulx en particulier, qui parlait de l'«infamie
du métissage». Ferron lui rend l'exacte monnaie de sa
pièce — peut-être un peu plus — en faisant naître le premier Mithridate des amours d'une métisse et d'un prêtre.
Dans le contexte de la lutte du libéralisme et de l'ultra-
montanisme, celui de l'histoire du Saint-Élias, la figure
du métissage repousse la vision génétique d'un peuple*

---

2. Jacques Ferron/Pierre L'Hérault, «Neuf entretiens avec le D^r
Jacques Ferron», inédit, automne 1982, p. 110.

messianique, à tout jamais fixé dans un destin et investi d'une mission. Bien avant d'autres, Ferron dissocie ethnicité et québécité, alors que le terme québécois, même chez lui, est loin d'avoir été délesté de sa connotation ethnique. C'est que son écriture n'est pas linéaire. Si Ferron parle beaucoup du passé, c'est avant tout pour dire qu'on ne peut y retourner: «On ne saurait finir dans le passé car le temps n'a qu'un mouvement; il vient du passé, passe par le présent et va vers l'avenir. On ne remonte pas à l'ancien [...].» En d'autres mots, il n'y a qu'un temps, le présent, qui est, en fait, un espace, celui incertain du passage, de la mutation, de la complexité. Tel est bien l'espace changeant et inquiet du «Saint-Élias» qui n'est pas la reconstitution de l'espace du XIXe siècle, mais son repiquage dans celui du XXe .

Briser l'écrou du golfe, c'est donc aussi briser l'écrou d'une interprétation monologique et nostalgique de l'histoire, procéder à une relecture complexifiante du texte québécois. Le «Saint-Élias» est plus qu'une métaphore: l'image structurante d'un nouveau récit substituant à ceux de l'empêchement et de l'enfermement celui de l'«audace» qui permet de «refaire le triangle à l'envers». Batiscan, Cap Haïtien, La Rochelle, Batiscan. Récit de l'échange également qui fait de Batiscan une capitale de l'export-import, plus importante que la capitale régionale officielle, Trois-Rivières. N'est-ce pas du reste cet espace de l'échange qui rend possibles et plausibles les si peu conformes personnages, tirés des rôles assignés par l'histoire et engagés dans des rapports inédits de complicité, d'amitié, où ils trouvent grandeur et consistance, sauvés du mélo comme du ridicule. Sauvés tout simplement! Au premier titre, cet abbé Lupien, mystique excessif, lettré et livresque, abstrait et passionné, qui, avec un autre traitement, n'eût été qu'une caricature, est

celui qui saisit et énonce, avec l'autorité d'une formule
théologique inversée, le changement qu'instaure la dynastie des Mithridate fondée dans son verbe et sa chair:
«*C'est le Fils qui a engendré le Père* [...].» Ce sont tous
des personnages touchants parce que vulnérables à la
vie, touchés par la détérioration et le malheur du monde,
mais aussi par la beauté et, pour cela, non résignés, au
contraire, insoumis, luttant contre la dégradation de la
vie. Si, conformément à sa figure récurrente de la mère-
cadette, il fait mourir jeune la mère du premier Armour,
Ferron, pour une rare fois, laisse vivre, vieillir une mère,
celle du deuxième Armour, Marguerite, pour qu'elle
conserve l'histoire du Saint-Élias et la transmette à son
petit-fils écrivain. Cependant, bien qu'elle en emprunte
par là la forme, la fin du texte n'est pas la fin magique et
heureuse d'un conte merveilleux. Si Mithridate III entreprend d'être par l'écriture, «roi d'un pays incertain», ce
n'est pas sans savoir que sa décision comporte une exigence précise: remettre à flots le Saint-Élias et repartir à
la conquête du monde. Quand Ferron relit l'histoire, ce
n'est pas en l'inversant simplement (on est passé dans
cette opération d'un Saint-Élias/navire à un «Saint-
Élias»/écriture), mais en y réintroduisant la complexité et
la complicité là où les polarisations et oppositions sim-
plificatrices avaient présidé à la fabrication d'un récit ne
laissant aucune prise à l'intervention humaine. Le trois-
mâts est à la fois une image glorieuse et une image avilie,
jamais fixée dans l'un ou l'autre état, toujours modifiable
par la liberté. Car, même à Batiscan, les choses ne sont
pas définitives et l'on médite avec Rotrou sur «l'état [...]
toujours inconstant du monde».

❏

On ne peut contourner la référence à Rotrou, auteur d'un Saint-Genest, que Ferron, dans sa préface à Colin-Maillard de Louis Hémon, trouve «supérieur» au Polyeucte de son contemporain Corneille qui l'a à peu près éclipsé. Si ce n'est pas le seul endroit ni la première fois que Ferron manifeste son intérêt pour Rotrou, il lui fait ici jouer un rôle stratégique qui engage même l'action. Cela ne surprend pas puisqu'il voit dans Le Saint-Genest un «jeu qui se rattache à la question de l'identité, de la prise de possession de soi-même». Citant les trois vers suivants: «Ce jeu n'est plus un jeu, mais une vérité / Où par mon action je suis représenté, / Où moi-même, l'objet et l'acteur de moi-même», il les commente ainsi: «Ça me paraît assez juste et ça donne je ne sais pas, un exemple de cette prise, de ce saisissement de soi-même, de cette nouvelle personnalité que nous acquérons[3].» Il est dès lors dans l'ordre des choses qu'Armour Lupien qui, par plus d'un trait (goûts littéraires, mais aussi éléments biographiques comme la mort de sa jeune mère), tombe sous le charme de Rotrou et y trouve sa demeure: il «n'alla pas plus loin que Rotrou et n'enseigna jamais les lettres à l'Université Laval.» On serait même justifié de penser que sa mort, à trente-trois ans, n'est pas seulement une nécessité diégétique, mais exprime un choix esthétique incompatible avec l'esthétique reçue. Quelle place en effet laissait au baroque Rotrou celle qu'on faisait à l'héroïsme cornélien en cette fin du XIXᵉ siècle québécois, en ces lieux de haut savoir pourtant sis à l'ombre baroque de la basilique de Québec? Le fameux et fictif abbé Surprenant, d'ailleurs cité dans Le «Saint-Élias», s'était, il est vrai, rendu un peu plus loin, ayant été installé

---

3. *Ibid.*, p. 207

professeur de Belles-Lettres au Séminaire de Québec,
mais pas au-delà de sa leçon inaugurale. Et pour cause:
il avait osé comparer la tragédie au chiard imposé qui
tient lieu de menu au réfectoire du Séminaire[4].

   Si Ferron semble avoir rencontré Rotrou au hasard
d'une étude sur Louis Hémon, on ne s'étonnera pas qu'il
se reconnaisse quelque parenté avec celui pour qui les
héros, selon l'expression de Jacques Morel, «même
quand ils font partie des "grands cœurs", sont éminem-
ment vulnérables à toute émotion[5]*». Alexandre Ciora-*
nescu a relevé parmi les traits et procédés caractéristi-
ques de l'esthétique de Rotrou: le dualisme de l'action, le
spectacle emboîté, la composition en abîme, les jeux
contrastées du feint et du véritable. Retraçons chez Fer-
ron l'emploi récurrent de procédés semblables: les dé-
doublements de La Nuit, *les miroirs et la diplopie de*
Papa Boss, *les mises en abîme de* Cotnoir, *les métamor-*
phoses de L'Amélanchier, *le télescopage du temps et de*
l'espace dans Les Grands Soleils, *l'architecture com-*
plexe du Ciel de Québec... *Comment ne pas retrouver*
dans Le «Saint-Élias», *cet «effort», dont parle Morel, des*
héros de Rotrou «à reconquérir un ordre menacé en dé-
chiffrant les apparences soudainement métamorphosées

---

4. Jacques Ferron, «L'importance du menu» [1969], *Escar-*
mouches. La Longue Passe, tome 2, Leméac, 1975, p. 101.
5. Jacques Morel, *Jean Rotrou dramaturge de l'ambiguïté*, Co-
lin, 1968, p. 16. Les citations à venir touchant le baroque sont
tirées des ouvrages suivants: Alexandre Cioranescu, *Le Masque*
et le Visage. Du baroque espagnol au classicisme français, Paris, Droz, 1983; Jean-François Maillard, *Essai sur l'esprit du*
héros baroque (1580-1640). Le Même et l'Autre, Paris, A. G.
Nizet, 1973; Jean Rousset, *La Littérature de l'âge baroque.*
Circé et le Paon, Paris, Librairie José Corti, 1954.

des êtres et des choses»? Et comment échapper, à propos
de Ferron en général, mais du récit qui nous occupe en
particulier, à la distinction de Jean Rousset entre le
temps classique qui «opère antérieurement à la tragédie»
et le temps baroque, «un présent qui se fait, se fractionne,
s'étale et déborde vers l'avenir»? Et à la formule de
Maillard, qui me ramène directement à la théâtralité du
«Saint-Élias», voulant que le héros baroque soit «théâ-
tral dans le roman et romanesque dans le théâtre»?

On pourrait multiplier les recoupements qui sont
bien plus que des coïncidences: ils confirment qu'à
l'échelle québécoise, l'œuvre de Ferron, à l'instar de
l'œuvre baroque, «constate la rupture définitive» d'avec
les anciens ordres, pour reprendre une formule de
Maillard. Ferron écrit: «[...] nous restions repliés [...]
sur la famille, ses réseaux et ses clans, sur une structure
paroissiale efficace qui nous embarquait sur une petite
île et faisait du Canada français le grand archipel Saint-
Jean-Baptiste[6].» N'est-ce pas cette rupture qui justement,
d'une manière exemplaire et symbolique, s'opère dans
Le «Saint-Élias»?

Dès les débuts de son écriture, dans sa «Lettre à
Pierre Baillargeon» (16 mars 1948), qu'il appelle son
«manifeste», Ferron se démarque de ces «humanistes» si
«satisfaits» d'avoir «atteint le faîte de l'humanité» qu'ils
ne bougent plus de peur d'en troubler l'«expression[7]»
pour se réclamer, lui, d'une esthétique de la «transition»,
seule ajustée à la «période de liberté inouïe» où il se
trouve, «entre le monde qui se défait et celui qui se re-

---

6. «La confiance au croque-mort», [1972], *Du fond de mon
arrière-cuisine*, Montréal, Éditions du Jour, 1973, p. 86.
7. «Lettre à Pierre Baillargeon», [1948], *Escarmouches. La
Longue Passe*, tome 1, Montréal, Leméac, 1975, p. 14-15.

constitue». Resté fidèle à cette position, il la confirme, au temps du Saint-Élias, *dans l'«Appendice aux* Confitures de coings» *(1972). Il écrit, y rappelle-t-il, «au creux d'une mutation de l'espèce[8]», à laquelle convient mieux que celle de la «beauté sereine» l'esthétique de l'inquiétude qui se déploie dans* Le «Saint-Élias»*:*

> [...] une grande mutation s'est faite, qui changera toutes les mythologies: la nature, de mère toute puissante qu'elle était, devient la fille de tous les hommes. C'était peut-être ce que le vicaire Armour Lupien entendait lorsqu'il disait dans la chaire de Batiscan, en usant de termes masculins: «En vérité, je vous le dis, c'est le Fils, mourant sur le Calvaire, qui engendre le Père et commence le règne de Dieu...»

Umberto Eco voit «dans l'esthétique baroque une bonne illustration de la notion moderne d'ouverture[9]». Parlons alors de la modernité ferronienne, en remplaçant le mot «ouverture» par «incertain» qui désignerait non pas le manque, le défaut, la privation, l'insatisfaction, mais le refus du déterminé, du fixé, du destin, du tragique: l'espace du jeu requis pour le «saisissement de soi-même» que Ferron appréciait chez Rotrou et qu'il illustre explicitement par l'histoire du «Saint-Élias» et les nombreux passages, déplacements, échanges dont elle est le cadre.

❏

8. «Appendice aux *Confitures de coings*», *Les Confitures de coings et autres textes*, suivi du *Journal des Confitures de coings*, Montréal, Parti pris, 1977, p. 106.
9. Umberto Eco, *L'Œuvre ouverte*, Paris, Seuil, 1962, p. 20.

La vision de Ferron n'est ni simpliste, ni lénifiante. Si la beauté finit par prévaloir, ce n'est pas au prix d'une réduction, mais par la vertu d'un choix, d'un acte de volonté solitaire qu'exprime ici l'engagement de l'écriture: «On écrit seul comme un roi.» Seul, c'est-à-dire contre le désespoir. «Il faut penser au soleil dont les rayons glacés sont plus perçants que les autres», dit Armour Lupien après sa tentative de suicide. Sur quoi enchaîne le chanoine Tourigny: «Et le soleil noir dont tu as parlé [...] brille de tous ses feux pour obscurcir notre queste.»

Brisant l'«écrou» de «quelques certitudes», l'écriture, comme le Saint-Élias, se risque sur les «eaux qui sont à tous et à personne» et dérive bien au-delà des confins du village, vers ces pays toujours et de plus en plus incertains que sont la vie, l'amour, la mort, ceux de l'inquiétant Méphisto qui trafique la vie, même à Batiscan, ceux d'où l'on ramène cette idole aussi monstrueuse que la mort qui, une fois installée sur la tombe du Dr Fauteux, perd son exotisme pour donner figure à un désespoir qui n'a rien d'étranger. Vers les pays de l'intolérable sous toutes ses formes, en particulier celle du sacrifice de l'enfant, de l'avenir: «Ils ruinent le monde, ils vivent à même l'héritage des enfants [...].» Le si bel enfant de l'histoire, fils de Marguerite Cossette et d'Armour Lupien, mourra sous la camisole de force! C'est bien contre quoi s'insurge Ferron.

L'humour et le plaisir certains, dont j'ai peu parlé mais qui constituent, comme toujours chez Ferron, une dimension indissociable du texte, ne doivent pas faire illusion. Il s'agit d'une distance parfois très mince séparant du désespoir. Ils sont aussi la marque d'une très grande tendresse envers les personnages et, par devers eux, l'humanité menacée, qu'il ne peut se résigner à lais-

ser au pouvoir de l'absurdité. Il ne s'agit pas, je le répète, d'un conte magique. Mais comme le conte, le récit, apparemment innocent et désinvolte, léger, masque et dévoile, pour la conjurer, la terreur — et quelle terreur! —, qui l'habite. Le «Saint-Élias» est le livre de l'extrême détresse devant la vie menacée, humiliée, sacrifiée, celui de l'extrême tendresse aussi qui, pour tenir en respect le cynisme et le désespoir, s'obstine, malgré l'intolérable, à laisser à «ce pauvre petit homme», à «la fille de tous les hommes», pour la continuité, quelques signes de beauté. Quand on sait la place que faisait Ferron au roman Kamalmouk de Marius Barbeau, on mesure la portée de l'épigraphe qu'il lui attribue: «La gloire et la beauté sont patientes. Kamalmouk, toi qui sais qu'elles ont été, apprends qu'elles reviendront.» Ainsi l'écriture, prenant sur elle le tragique, garde ouvert un espace de liberté où il soit possible d'intervenir contre l'intolérable. C'est, je crois, parce qu'il y maintient cette sorte d'équilibre tendu et toujours menacé du gratuit et du nécessaire que Ferron livre avec Le «Saint-Élias» l'un de ses plus beaux et graves textes, qui évoquera toujours pour moi le chant troublant de la cigale au fugitif apex de l'été.

PIERRE L'HÉRAULT

LE «SAINT-ÉLIAS»

La gloire et la beauté sont patientes.
Kamalmouk, toi qui sais qu'elles ont
été, apprends qu'elles reviendront.

MARIUS BARBEAU

à Clément Marchand

CHAPITRE PREMIER

Entre les semences et les foins, parmi un grand concours où l'on remarquait l'absence des voisins de Sainte-Anne-de-la-Pérade et de Champlain, on lança un trois-mâts à Batiscan[1]*, qui devait aller au-delà des passes de Terre-Neuve, gagner les Bermudes et les Antilles. On disait même qu'au besoin il pourrait se rendre dans les vieux pays[2] et en revenir sans autre équipage que les Batiscanais. Il fut nommé le *Saint-Élias*[3]. De Trois-Rivières était venu Mgr Charles-Olivier Caron[4], protonotaire apostolique et chapelain des ursulines, qui avait été tour à tour supérieur de deux séminaires, succédant à l'illustre abbé Ferland[5] dans l'un d'eux; lui qui avait déjà eu le pas sur Sa Grandeur Mgr Laflèche[6], passait maintenant après lui tout en restant indispensable, car c'est lui qui réglait l'ordinaire du diocèse. L'exercice de tant d'autorité lui avait donné de la souplesse; il pouvait être bonhomme et finaud, on ne s'y trompait pas et l'on n'en éprouvait pour lui que plus de respect — il en était d'ailleurs bien aise. Il parla le premier et, mine de rien, prépara le discours du curé de la paroisse, messire Élias Tourigny, qui n'était pas un orateur et qui,

---

* On trouvera les notes explicatives à la fin du texte, p. 161.

pour une fois, à la surprise de tous, comme par miracle, fut éloquent. Après le baptême et le lancement du trois-mâts, ce fut à son tour de parler. Il dit alors des mots qui déjà venaient sur les lèvres de tous, ce qui étonna d'abord, puis parut prodigieux et suscita des cris enthousiastes.

Mgr Charles-Olivier Caron avait commencé par ces termes: «Qui êtes-vous donc, gens de Batiscan?» Et il semblait surpris d'avoir à poser une telle question, étant donné qu'il était du même diocèse, originaire de Rivière-du-Loup[7], amont Trois-Rivières, entre Machiche[8] et Maskinongé.

— Dieu m'a comblé de titres et d'honneurs, mais ne vous fiez pas à mon harnachement: le jeune garçon que j'ai été reste intact; il n'avait pas de boucles dorées à ses souliers: il allait pieds nus. Au fronteau de la terre de ses parents, passait une rivière qui avait autant d'eau que la vôtre, sinon plus, mais on n'y voyait pour toute flotte que les chaloupes des poissonniers. Cette rivière était lente; il fallait ramer pour la descendre. Elle débouchait dans le lac Saint-Pierre qui noie le fleuve par son étendue. De son embouchure, nous n'apercevions même pas la rive méridionale et les deux clochers de la Baie-du-Fèvre. L'eau succédait à l'eau parmi les joncs, les sagittaires et les nénuphars. L'étendue de ce lac n'avait d'égale que son manque de profondeur. Le fleuve s'y trouvait noyé dans trois, dans cinq, au plus dix pieds d'eau. À vrai dire il se reposait, dissuadant les paroisses riveraines d'être marinières. Et que suis-je pour vous parler en ce grand jour? J'ai l'impression de n'être qu'un poissonnier. J'ai l'impression d'avoir succombé à cette paresse feinte de notre fleuve qu'est le lac Saint-Pierre. À Pointe-du-Lac, il se reforme et vite reprend son chemin. C'est lui qui est dans la vérité. De ma chambre au monastère des ursulines, j'aperçois le quai de Sainte-Angèle; d'ici, j'ai l'impression d'être sur le perron de l'église de Saint-Pierre-les-Becquets. Après mon enfance nonchalante, je ne veux pas voir la voie étroite de l'Évangile. Pourtant c'est elle, c'est le fleuve rapide qui passe entre Sainte-Angèle et Trois-Rivières, où se jette la rivière Batiscan, c'est cette voie d'eau, en route vers le golfe et l'océan, qui est la vérité. Je viens d'un pays d'illusion et la grâce de Dieu est grande, qui m'en aura tiré. Votre rivière ne trouve pas sa fin dans les joncs et les nénuphars. Elle est un chemin qui donne sur un plus grand chemin. Elle vous met dans la réalité et la réalité vous confère l'audace. Ce magnifique trois-mâts a certainement plus de tonnage que ma petite chaloupe de la Rivière-du-Loup. C'est de cette chaloupe, pieds nus, que je vous demande: qui êtes-vous donc, gens de Batiscan?

Le curé Tourigny parlait après Mgr Charles-Olivier Caron. Tout le monde avait remarqué que celui-ci lui avait préparé la bouche. Néanmoins on n'appréhendait rien de bon de son discours car, s'il était bon curé, il n'avait pas l'art de parler. De plus, c'était un homme à chevaux, le mieux voituré de la paroisse. Du fleuve, il n'appréciait pas l'eau, n'en aimait que le pont de glace qui lui permettait d'aller festoyer à Saint-Pierre-les-Becquets, parmi sa parenté. Plusieurs se demandaient si l'on avait bien fait de baptiser le trois-mâts *Saint-Élias* en son honneur. Au premier rang des notables, immédiatement après les ecclésiastiques, on pouvait apercevoir le docteur Fauteux qu'on ne voyait jamais à l'église et qui n'était pas tendre pour le clergé.

— Je ne vois ici personne de Champlain ni de La Pérade, dit le chanoine Tourigny; on y célébrerait, paraît-il, la Fête-Dieu une semaine en avance sur le calendrier. On y est pressé, tant mieux! Pourvu que dans leur hâte les marguilliers ne «s'enfargent» pas en portant le dais.

Cela fit rire, puis tout le monde tourna le regard vers Mgr Charles-Olivier; il riait lui-même de bon cœur et tout le monde fut rassuré.

— Je serais affecté de l'absence de nos voisins, si, de Trois-Rivières, Sa Grandeur Mgr Laflèche n'avait pas envoyé son premier vicaire pour savoir qui nous sommes, nous, les gens de Batiscan. Je ne dirai pas comme lui que seul un poissonnier peut apprécier un marinier, car je pense aux apôtres qui le furent, je pense au lac de Tibériade, théâtre de tant de miracles, qui n'était qu'une manière de lac Saint-Pierre. Ce que nous apprécions dans le délégué de Sa Grandeur, ce n'est pas la chaloupe de son enfance, c'est l'homme le plus instruit du diocèse, celui qui s'est rendu à Rome, celui qui, à Nicolet et à Trois-Rivières, a été tour à tour le supérieur de deux séminaires. Ainsi pourra-t-il comprendre notre audace, savoir qui nous sommes, gens de Batiscan.

Le docteur Fauteux donna le signal des applaudissements, montrant pour la première fois qu'il était attaché à l'Église, du moins à son curé. Dès lors messire Élias Tourigny dut allonger ses phrases afin de n'être pas applaudi à tout instant. Le vicaire Armour Lupien, qui avait de la passion pour la rhétorique, se demandait ce qui se passait car son curé lui avait toujours paru jusque-là un orateur fort médiocre. «L'Esprit saint serait-il descendu sur lui?» Pourtant il n'y avait rien de religieux dans son propos. Il y était question du fleuve, d'un village et d'un peuple.

— Après le départ des Français, nous avons été enfermés dans ce pays, réduits à ne compter que sur nous-mêmes — c'était la condition de notre salut: un peuple qui compte sur un autre y perd son âme et sa foi. Enfermés, c'est-à-dire dans l'impossibilité d'en sortir. Certes, nous n'avions guère de marine, mais rien ne nous empê-

chait de construire des bateaux. Le verrou, nous l'avions
mis nous-mêmes. Dès la Conquête, nous avons commencé à nous raconter des histoires, les unes plus terrifiantes
que les autres, sur le naufrage dans le golfe des bâtiments
pilotés par des Canadiens. La première remonte au père
Crespel[9]. S'il était monté sur un des bâtiments qui retour-
naient en France, pilotés par des Français, on n'aurait jamais entendu parler de ce pieux capucin. Celui sur lequel
il monta, piloté par un Canadien, n'alla pas plus loin que
l'Anticosti. Le père Crespel fut l'un des rares rescapés du
naufrage. C'était l'automne. Il en endura, des souffrances! Assez pour écrire un livre. Quelques exemplaires
parvinrent sur nos bords, dont certains ont été recopiés à
la main. Le naufrage fut surtout raconté de vive voix dans
les hauts comme dans les bas de Québec. Et l'on ne ces-
sait de répéter que les vaisseaux français avaient passé
sans avarie... La morale était que les étrangers pouvaient
aller, venir, mais que, nous, nous ne pouvions pas quitter
notre pays. D'ailleurs pourquoi l'aurions-nous quitté?
Pour où aller? Quelle place nous attendait? Aucune. Au
fond, nous faisions ainsi pour nous sentir mieux à la place
que nous ne voulions pas quitter. Après le naufrage du
capucin...

   «Il a quand même une grande connaissance du
pays, se disait le vicaire Lupien, et il a réfléchi à ce qu'il
allait dire.»

   — Après ce naufrage, continua messire Élias Tourigny, il y en eut bien d'autres, et l'on ne manquait jamais
de les raconter d'un bout à l'autre du pays. Le confrère
d'un ami que je vois peu souvent dans nos réunions, l'excellent docteur LaRue[10], y est allé du sien, dernièrement,
avec toute la verve qu'on lui connaît. Cette fois, au lieu
de l'Anticoste[11], le narrateur a choisi les côtes de Terre-
Neuve, ayant soin de garder la saison privilégiée des

naufrages, l'automne, ses glaces et ses souffrances. Comme l'a dit l'abbé Surprenant[12] à l'illustre médecin: «Peu importe le lieu, que ce soit l'Anticoste ou Terre-Neuve, sachez qu'avec toute votre verve, docteur, vous venez d'ajouter un autre ferrement à l'écrou.»

«Je commence à le voir venir», pensa l'abbé Armour Lupien.

— Monseigneur Charles-Olivier, vous voulez savoir qui nous sommes, nous, gens de Batiscan? Eh bien! sous le rapport du mil et de l'avoine, des chevaux et des vaches, je crains de vous décevoir: nous sommes de l'acabit des vieilles paroisses à l'ouest du Saint-Maurice, de Machiche, de Rivière-du-Loup et de Maskinongé.

Il se produisit alors une chose inouïe: Mgr Caron se leva et interpella l'orateur:

— Vous ne me ferez tout de même pas accroire, curé Tourigny, que vous venez de lancer une vache à l'eau.

Le trois-mâts n'avait pas encore recouvré son aplomb: sa mâture montrait qu'il se balançait encore. Plus bas on voyait la rivière Batiscan s'ouvrir sur le fleuve, au-delà duquel se dressait l'église de Saint-Pierre-les-Becquets.

Messire Élias Tourigny ne broncha pas. Il laissa se rasseoir le délégué de Sa Grandeur, puis il répondit:

— Monseigneur, je n'ai pas voulu faire de mal aux perchaudes et aux barbottes dont un petit garçon était fier et qui jonchaient le fond de sa chaloupe. J'ai ménagé votre susceptibilité au détriment de notre fierté qui ne s'arrête pas aux barbottes et aux vaches du lac Saint-Pierre; en plus d'être ce que vous êtes, nous sommes des mariniers et notre flotte comprend d'autres bâtiments que vos chaloupes. Jusqu'à aujourd'hui assez semblable à celles de Champlain et de La Pérade, elle se distingue maintenant par ce trois-mâts que vous voyez là, dans la rivière.

Le curé de Batiscan le décrivit minutieusement.

— Vous me demanderez pourquoi nous l'avons construit. Je vous répondrai que ç'a été pour briser l'écrou de notre pays. Il était bon de rester enfermés aussi long-temps que nous n'étions pas un peuple. Mais ce peuple, nous le sommes enfin devenus: que soit brisé l'écrou du golfe! que cessent les empêchements de l'enfance! Nous avons bâti le *Saint-Élias* pour aller au-delà de Terre-Neuve, dans le grand océan, vers les Bermudes et les Antilles, au besoin vers les vieux pays... Qui sommes-nous, gens de Batiscan? Les égaux des Malouins[13], capa-bles de découvrir l'Europe et d'y planter la croix. Avec votre bénédiction, monseigneur, plus rien ne nous entra-vera; nous serons libres, nous serons gens de toutes les mers du monde.

Le lancement de ce trois-mâts marqua certainement une date dans l'histoire du diocèse de Trois-Rivières et même dans celle de tout le pays. Il eut lieu en 1869, trois ans et demi avant la mort du vicaire du curé de Batiscan, de ce pauvre abbé Armour Lupien qui aimait les arts et la rhétorique et qu'on avait nommé curé de Saint-Thuribe, en attendant de lui trouver une chaire à l'Université La-val, chaire qu'il n'occupa point. Cependant le trois-mâts de Batiscan avait franchi déjà les passes de Terre-Neuve.

CHAPITRE II

Pour savoir qui était le docteur Fauteux, que le chanoine Élias Tourigny ainsi que tous les gens de Batiscan tenaient en haute estime, même s'il n'assistait jamais à la messe et fut en politique le constant adversaire de Mgr Laflèche, il faut remonter à l'occupation de notre pays par les Allemands durant l'hiver de 1776-1777. Ces Allemands étaient des mercenaires dont l'Angleterre avait acheté les services du duc de Brunswick et du prince de Hesse-Cassel, à raison de sept livres pièce. Leur venue indisposa les Bastonnais[14] qui le leur firent sentir à Saratoga[15], au printemps de 1777. Ils n'avaient pourtant aucun préjugé. Le régiment du major général Riedesel[16] hiverna dans le gouvernement de Trois-Rivières, de Maskinongé à Sainte-Anne-de-la-Pérade, et n'y laissa aucun mauvais souvenir. Après Saratoga, quand on voulut rapatrier ces Allemands, ils avaient fondu dans le paysage; ils étaient devenus colons soit aux États-Unis, soit au Canada où beaucoup d'entre eux se sont francisés. On peut se faire une idée de leur esprit par ce qui advint à monsieur de Riedesel.

Monsieur de Riedesel avait laissé sa femme[17] en Europe, dans un état intéressant. Peu après son accouchement, elle traverse et arrive à Trois-Rivières, au printemps de 1777. Elle a avec elle ses trois enfants, Gustave, Frederica, Caroline, mais ce n'est pas assez; elle n'aura de cesse qu'elle n'ait réussi à rejoindre son mari. C'était une jeune femme d'heureuse disposition et de bon tempérament. Malgré la guerre, la défaite, la perte totale du régiment de son mari, elle trouvera moyen d'accroître sa progéniture de deux autres petites filles, l'une née dans notre pays et baptisée Canada, l'autre aux États-Unis et baptisée America. Ces prénoms ne manquaient pas d'à-propos; ils témoignaient quand même de quelque indifférence pour le conflit où s'était engagé le major-général.

Ce fut en visitant l'hôpital des ursulines, à Trois-Rivières, que madame de Riedesel remarqua un jeune homme, et ce jeune homme devint l'aïeul du docteur Fauteux. Dans une des salles un sous-officier portant l'uniforme du prince Frederik se jette à ses pieds. Elle reste interdite: bien mis, de maintien réservé, elle ne l'a pas pris pour un malade. Il s'écrie:

— Sauvez-moi, madame!

Elle ne demande pas mieux, mais comment faire? Elle ne connaît même pas son nom. Elle s'en enquiert. Toujours à ses pieds, il lui répond qu'il se nomme Faustus.

— Faustus?

— Oui, madame.

Il ajoute, les mains jointes:

— Madame, faites-moi mourir, je vous en supplie, afin que je puisse retourner en Allemagne.

La demande ne manquait pas d'étrangeté, surtout de la part d'un jeune sous-officier dont le nom lui rappelait les marionnettes de Salzbourg, son enfance, le cœur même de son pays.

— Je ne vous oublierai pas, Faustus, dit madame de Riedesel.

Et elle resta devant lui comme si elle avait quelque chose à ajouter. Elle bougeait les lèvres et ne trouvait rien. Enfin, tout émue, elle tira quelque argent de sa bourse, le lui remit et s'éloigna brusquement pendant que le bel officier s'inclinait profondément devant elle, qui n'était plus là lorsqu'il se redressa. Alors, au plus grand émoi des religieuses, ce jeune homme si distingué jeta les pièces de monnaie en l'air et se mit à rire comme un buveur de bière.

— Emmenez-moi d'ici, emmenez-moi d'ici au plus vite, dit madame de Riedesel que les ursulines entraînèrent dans une petite pièce attenant à la salle, d'où elle pouvait encore entendre rire le jeune sous-officier qui portait l'uniforme du prince Frederik. Elle n'y put reprendre ses aises. «Emmenez-moi d'ici», répétait-elle, sur le point de défaillir.

Celui à qui elle avait promis de ne pas l'oublier continua de la hanter. Chaque fois qu'elle se le rappelait, elle avait peur de se sentir mal. Mais que pouvait-elle pour lui? Le major général, son mari, avait tant de soucis qu'elle n'osa pas s'ouvrir du sien. Ce fut au grand vicaire Saint-Onge[18] qu'elle en parla.

— Mais vous n'allez pas l'exorciser? Vous n'allez pas trouver un démon en lui et le faire périr dans les flammes?

— Pourquoi le ferions-nous? C'est un jeune homme distingué et nous avons un surplus de filles dans nos paroisses.

Madame de Riedesel éclata de rire; elle riait tant qu'elle en avait le visage ruisselant de larmes.

— Pourquoi riez-vous, madame? lui demanda le grand vicaire Saint-Onge.

— Est-ce que je pouvais savoir…

Elle se reprit à rire.

— ... que vous étiez un homme humain? J'ai entendu tant de fables sur les papistes.

Le grand vicaire répondit:

— Ne pensez-vous pas, madame, que je n'en ai pas entendu autant sur les hérétiques?

Il ne riait pas, il était simplement triste. Madame de Riedesel, avec la chaleur qui lui était propre, se saisit de la main du prélat et lui dit:

— Ne soyez pas si triste, monseigneur! Si vous le voulez, vous pouvez le guérir.

— Ah! madame, pour qui me prenez-vous? Ne savez-vous pas que cette phrase, on l'a déjà dite à Notre-Seigneur?

— Qui le représente ici, Notre-Seigneur? Est-ce vous ou bien est-ce moi?

Le grand vicaire Saint-Onge s'inclina profondément devant madame de Riedesel et quand il se redressa, elle s'était déjà éloignée. Il l'entendit rire. Elle avait gagné son point, elle courait, elle était heureuse. Le grand vicaire, lui, n'était plus triste. Il sourit même, car rien ne lui semblait plus facile que de rendre Faustus à la raison.

— S'il le faut, je jeûnerai.

Il reçut le jeune sous-officier, qui se jeta à ses pieds comme il l'avait fait devant la générale.

— De grâce, monsieur, tuez-moi et je pourrai retourner en Allemagne!

La générale avait été tout émue, le grand vicaire resta de pierre: «Assez parlé pour ne rien dire», fit-il, et le sous-officier se releva, décontenancé, inquiet, avec le demi-sourire qu'ont les enfants lorsque les adultes percent leur jeu. Il ne leur déplaît pas que ces adultes ne soient pas des imbéciles. Ils seront un jour des adultes: de leurs mensonges et tromperies d'aujourd'hui, ils seraient plus tard les victimes. Qu'on les démasque, qu'on les sauve d'eux-mêmes et leur demi-sourire est fait de contentement... Le grand vicaire ordonna que le garçon fût dépouillé de son uniforme du prince Frederik.

— Vous n'avez pas le droit, protesta le sous-officier.

— Enfin, une parole sensée! Mais vous vous trompez, mon ami: quel droit pouvez-vous avoir à cet uniforme allemand dans une guerre entre Anglais et Américains?

— Laissez-le-moi quand même, monseigneur, je vous en supplie.

Le grand vicaire Saint-Onge déclara:

— Monsieur Faustus, prenez-en votre parti: il n'y a plus de prince Frederik, il n'y a plus d'Allemagne; vous êtes au Canada et désormais vous vous habillerez en Canadien[19].

Il le fit habiller à la mode du pays. Le pauvre jeune homme y perdit beaucoup de la distinction qui faisait son charme et lui avait gagné l'attention de madame de Riedesel. Ensuite le grand vicaire l'envoya perfectionner son français chez un habitant, aux confins de Machiche.

— Adieu, monsieur Faustus, et qu'on ne vous revoie pas avant deux ou trois générations.

— Mais la générale, monseigneur?

— Je lui ai prêté ma grand-calèche pour qu'elle rejoigne et réconforte monsieur son mari avant la bataille qui aura lieu dans les parages du lac Champlain.

Sur les confins de Machiche, le jeune sous-officier apprit assez la langue du pays pour épouser, l'année suivante, une des filles de l'habitant. Il avait signé François Fausteus au registre paroissial, mais son nom continua de se modifier: dès 1785, dans le livre de comptes du meunier Duplessis, à Pointe-du-Lac, il est devenu François Fauteux. Sous cette forme, le nom s'est perpétué jusqu'à nous… Après avoir élevé une bonne dizaine d'enfants, sa femme mourut; elle se nommait Marie-Josephte Caron; elle avait eu beaucoup d'emprise sur lui; il lui survécut tant bien que mal, plutôt mal, durant plus de cinq ans. Il avait la manie de venir se poster au bout du chemin de montée, près de la route: il attendait, disait-il, la calèche du grand-vicaire Saint-Onge. Cet ecclésiastique était mort depuis longtemps. On le laissait faire, cela n'avait aucune importance. On haussait les épaules et on disait: «Que voulez-vous? C'est un Allemand.» Ses enfants s'étaient éparpillés dans nos provinces[20]. L'un d'eux, qui ne connaissait que le francais, descendit jusqu'à Nouillorque[21], la ville où il devint typographe dans un atelier où l'on n'imprimait que du français et du hollandais. Son fils unique y apprit la médecine et vint s'établir à Batiscan, quelques années avant le règne du chanoine Élias Tourigny. En 1869, il exerçait sa profession depuis si longtemps que, pour plusieurs, il était le médecin de Batiscan depuis toujours. Il se nommait François comme son aïeul. Des États-Unis il avait rapporté en même temps que son diplôme un esprit d'indépendance qui, n'eussent été son rang et les bons services qu'il rendait, aurait pu lui causer des ennuis au début de sa carrière. Non seulement n'allait-il jamais à la messe, mais encore il avait été du parti des Patriotes[22], ce qui ne plaisait guère dans le diocèse de Trois-Rivières. L'âge ne l'avait pas changé. Cependant, on ne pouvait plus rien contre lui.

— Il est de l'Institut canadien. Quand les Papineau[23], les Dessaules[24], les Doutre[25] et les Dorion[26] passent à Batiscan, ils trouvent chez lui gîte et couvert.

— Écoutez-moi bien, Armour Lupien…

— C'est lui qui les présente, quand ils parlent du perron de l'église.

— Est-ce que je ne sais pas?

— Il faut sévir, monsieur le chanoine… Ils parlent après la sainte messe, bafouant l'autorité de l'Église!

— Écoutez, mon jeune abbé, le docteur Fauteux a plus d'ancienneté que moi à Batiscan et ce n'est pas un simple médecin, tout juste bon à signer les certificats de décès; il sait soigner et guérir; il est de plus l'accoucheur le plus réputé de Trois-Rivières à Grondines. Ne dites jamais un mot contre lui, car le Seigneur ne vous a pas envoyé pour susciter le scandale dans ma paroisse. Et retenez bien ceci: il ne faut jamais demander aux gens plus qu'ils ne peuvent donner.

L'abbé Armour Lupien baissa les yeux, ne sachant que dire. Quelques instants passèrent. Soudain le jeune vicaire releva la tête avec un air de défi:

— Qu'en pense Sa Grandeur, Mgr Laflèche?

Messire Élias Tourigny répondit lentement, en homme d'autorité qui prend soin de peser tous ses mots:

— Sa Grandeur peut penser ce qu'elle voudra, cela m'est aussi égal que si elle se mouchait. Sachez qu'ici il n'y a qu'un maître; ce n'est pas Mgr Laflèche, c'est moi.

L'abbé Armour Lupien se le tint pour dit et ne reparla plus du docteur Fauteux, même s'il ne le pouvait pas sentir. Il l'attaqua autrement, par le biais de Philippe Cossette, gros cultivateur et propriétaire du pont péager de la rivière Batiscan. Dieu le punit cruellement, comme on le verra plus loin. Ce fut même la cause véritable de sa mort, alors qu'il était devenu curé de Saint-Thuribe en attendant d'être nommé professeur de lettres à l'Université Laval de Québec, comme en avaient décidé Mgr Charles-Olivier Caron et le chanoine Tourigny, justement au soir du lancement du trois-mâts dont il a déjà été question. Les deux hommes, en maquignons d'âmes, si l'on peut dire, étaient tombés d'accord sur le peu de dispositions du jeune abbé pour le paroissial. C'était, prétendaient-ils, un poète, un philosophe et il fallait au plus tôt en faire un professeur d'université.

—Je vous le laisserai un an ou deux, dit Mgr Charles-Olivier. Ensuite je lui trouverai une petite cure selon la coutume du diocèse…

— Quelle coutume? demanda le chanoine.

— Vous ne la connaissez pas? Celle qui veut que tous les vicaires de messire Élias Tourigny aient une cure en quittant Batiscan. Et puis cette cure, qui ne lui conviendra guère, fera taire les jaloux quand on le verra passer ensuite à Laval… Dans quelle faculté? La théologie ou les lettres?

— Les lettres, monseigneur, les lettres.

— En êtes-vous si certain, messire?

— Oui, monseigneur: il est trop religieux pour l'être vraiment; il se force.

— C'est une façon de juger à laquelle je n'avais pas pensé, dit Mgr Caron. Vous avez peut-être raison.

On avait ainsi décidé de l'avenir de l'abbé Armour Lupien.

— Il n'est pas encore professeur émérite, fit remarquer le prélat.

— Votre p'tite cure ne me dit rien de bon: ou il n'y fera rien, ou il y fera trop, quitte à se morfondre.

— Il se morfondra si Dieu le veut.

Mgr Charles-Olivier Caron avait achevé de curer sa pipe et s'apprêtait à monter se coucher. Le chanoine Tourigny ne partageait pas sa résignation.

— C'est un prêtre à patrimoine, je sais.

— À cause de sa mère.

— Je sais aussi. D'ailleurs je me demande au juste pourquoi vous avez demandé un patrimoine: il claquera jeune ou vivra très vieux… Cette p'tite cure par laquelle il doit mériter l'université ne me dit rien de bon. Justement à cause de la maladie de sa mère[27]. Vous savez qu'elle rend excessif.

— J'ai cru m'en rendre compte… messire, à moins de se morfondre soi-même, on ne saurait tout prévoir dans la conduite d'un diocèse. On établit des règles au meilleur de sa connaissance, ensuite on les applique. Votre vicaire passera par sa petite cure, advienne que pourra… Avez-vous pensé que le grand air est souvent excellent dans pareil cas?

Mgr Charles-Olivier prit un des chandeliers qui se trouvaient au pied de l'escalier, en alluma la chandelle et monta.

CHAPITRE III

Quand Sa Grandeur Mgr Laflèche mourra, l'unanimité ne se fera pas pour le célébrer. Au contraire on revit sa carrière et le missionnaire lui-même ne trouva pas grâce. On l'opposa au père Lacombe[28] qui s'était fait petit parmi les petits, naïf comme les enfants et qui avait su comprendre la douceur indigène; il ne prêcha jamais d'autre enfer que la mise à mort du dernier bison. Laflèche aurait été tout le contraire, brandissant le crucifix comme un glaive. Il raffolait d'images sombres et se montrait autoritaire comme un Espagnol. De toutes ses lettres de l'Ouest, la meilleure est une description de bataille[29]. Évêque de Trois-Rivières, il continua d'être un autocrate. Encore prit-il soin de l'être dans les généralités, en évitant de heurter ses commettants qui l'eussent alors rabroué. Il ne fut le fol évêque qu'on a dénoncé qu'en dehors de son diocèse.

Ses ennemis allèrent jusqu'à médire de celui qui devait être son successeur: «S'il fallait que le chanoine Cloutier[30] recueillît sa crosse, ce serait donner raison à ceux qui croient que Trois-Rivières a été un *post-factum*[31] créé le huitième jour... Le schisme de Maskinongé[32] ferait des petits et nous aurions un Laflèche minuscule, ce qui nuirait beaucoup à la mémoire du défunt...» De fait, Mgr Cloutier fut un évêque médiocre. À la fin de sa vie, il fallut lui donner un coadjuteur. Il se retira à l'hospice des sœurs de la Providence[33]. Mon père[34] fut son servant de messe. Chaque matin le bonhomme se cachait, soit dans un placard, soit en dessous de son lit, d'où il fallait le tirer pour l'emmener au saint autel... Personne ne se souvient plus de lui, excepté sa famille qui lui doit beaucoup, même l'honorable François Cloutier[35], car il n'eut vraiment de talent que pour le népotisme.

L'Église disposait d'un pouvoir politique énorme, dont elle ne savait que faire car il n'était pas dit que ce pouvoir lui fût nécessaire. Ce pouvoir fou, incohérent, fait de démarches contradictoires qui n'ont pas d'autres buts que le démontrer, ce pouvoir, Mgr Laflèche n'en usa que dans l'abstrait. Ses véritables successeurs furent Mgr Bernard[36], de Saint-Hyacinthe, et Mgr Paul Bruchési[37], de Montréal. Le juge D. Monet[38] a raconté une petite anecdote caractéristique. Il y avait déjà à Iberville un excellent collège, celui de Sainte-Marie-de-Monnoir. Or il était question que Sa Grandeur voulait le fermer et en bâtir un autre. Le juge se rendit voir Mgr Bruchési qui, le prenant par le bras, lui fit faire le tour du salon du palais archiépiscopal.

— Qu'est-ce que vous dites, monsieur le juge, de tels murs pour le palais d'un archevêque? Trouvez-vous cela convenable?

Il y avait quelques petites fissures dans le plâtre, pas grand-chose, la preuve en est qu'aujourd'hui, soixante ans plus tard, ce salon existe encore... Le juge Monet répondit à Sa Grandeur:

— Je ne suis pas très fort sur les questions de convenance: voudriez-vous avoir la bonté de m'expliquer ce que vous entendez dire, monseigneur?

— Cela veut dire, monsieur le juge, que je n'ai pas un sou à dépenser pour un collège à Saint-Jean. Aupara-

vant je ferai reconstruire les murs d'un palais épiscopal
digne de l'archevêque de Montréal.

Six mois plus tard, Sa Grandeur arrivait au galop à
Saint-Jean et disait ceci:

— Je vous donne un collège malgré vous qui en
avez déjà un. Je vous le donne parce que je veux le mien,
moi!

Ce pouvoir fou et malfaisant d'une Église nationale,
inconsciente de sa mission, qui se laissait manipuler par
les diplomates du Vatican, plana peut-être au-dessus du
diocèse de Trois-Rivières sous Mgr Laflèche mais n'y
descendit pas comme à Montréal sous le règne de Mgr
Paul Bruchési et celui du cardinal Léger[39]. Sa Grandeur
était vue de loin et suscitait de l'animosité, mais de fait
son autorité était trop distante pour être réelle; il ne fut
jamais qu'un coq de diocèse, la girouette qui tournait
au-dessus de sa cathédrale et n'empêchait pas bedeaux
et sacristains de faire à leur manière, Mgr Charles-Olivier
Caron d'être son maître de palais et de régler l'ordinaire
du diocèse de façon sage, avec l'assentiment des curés de
paroisse, eux-mêmes soumis à la fabrique[40] qu'adminis-
traient leurs paroissiens.

À Batiscan, le docteur Fauteux, qui prévoyait les
retombées de l'autocracie épiscopale, fut l'adversaire déclaré de Mgr Laflèche. Sa Grandeur s'en fâchait mais ne
pouvait rien contre lui, sauf faire prier les sœurs du
Précieux-Sang[41] pour sa conversion. Au demeurant, il
respectait le vieux médecin. Jamais, à Batiscan, du haut
de la chaire ou du plus profond de la sacristie, on n'aurait
dit un mot contre lui. À chacun de ses nouveaux vicaires,
le chanoine Tourigny y allait d'une mise en garde.

— Vous sortez du grand séminaire et vous êtes ani-
mé de l'esprit de votre évêque, cela va de soi, mais vous
êtes maintenant dans mon presbytère et le maître, c'est

moi. Vous avez appris à rechercher le règne de Dieu dans l'abstrait, vous allez maintenant le réaliser dans le concret. Je ne veux pas vous entendre parler des zouaves[42]: leurs larges culottes sont ridicules. Et vous laisserez à qui n'est pas d'accord avec Sa Grandeur le droit de s'exprimer.

Les naïfs vicaires ouvraient de grands yeux: comment pouvait-on n'être pas d'accord avec Sa Grandeur?

— Pour la plupart de mes paroissiens, ses paroles leur passent par-dessus la tête comme des nuées dans le ciel. Mais il y en a qui le trouvent autocrate, l'un d'eux en particulier, le docteur Fauteux. Eh bien! je vous avertis: pas un mot à son sujet, d'abord parce que la paroisse ne saurait se passer de lui, ensuite parce qu'il convient de reconnaître ses bons services et son long dévouement.

Le chanoine Élias Tourigny, sans le moindre goût pour les disputes, savait apprécier l'homme dans le docteur Fauteux et lui manifestait de l'amitié. S'il avait eu à choisir entre lui et Mgr Laflèche, c'est Sa Grandeur qu'il aurait balancée. Ça, il n'en disait rien à ses vicaires, les considérant comme de bons gros veaux qu'il ne fallait pas inquiéter sans à-propos. D'ailleurs il n'était pas lui-même sans inquiétudes car il tenait à rester soumis à son évêque tout en étant féru de ses droits de curé inamovible. Il craignait les excès des deux hommes, ne voulant pour rien au monde être mis dans l'obligation de choisir. Lui et le médecin, ils se rencontraient souvent au chevet des malades. Ils ne pouvaient guère se parler autrement que pour échanger des formules de politesse, mais ç'avait été ainsi qu'ils avaient contracté l'un pour l'autre cette habitude qui allait devenir une amitié.

Un jour, ils s'étaient croisés comme par hasard sur le trottoir de bois du village alors qu'ils allaient l'un et l'autre faire une marche de santé. C'était durant le temps des foins. Dans la paroisse, tout le monde avait trop à faire pour aller chez le curé ou le médecin. Ceux-ci se trouvaient donc en vacances. Pour la première fois, après bien des années, plus d'un quart de siècle, ils s'étaient vraiment parlé. Et voici à peu près ce qu'ils se dirent. Cet entretien se situe avant l'arrivée de l'abbé Armour Lupien et le lancement du trois-mâts, qui survinrent presque en même temps.

— Chanoine Tourigny, dit le docteur Fauteux, nous nous sommes toujours bien accordés. Cela n'allait pas plus loin. Nous n'avions peut-être pas grand-chose à nous dire. Mais voici que les années se précipitent; si vous voulez, nous allons conclure un marché.

— Moi, je veux bien, docteur, mais je ne suis pas seul à bord de l'Église. Il y a des consignes que je dois respecter. Un marché: il ne peut s'agir que de votre âme. Je ne dis pas que je ne suis pas preneur. Seulement je remarque que, depuis la mort de votre femme, votre banc dans la grande allée reste toujours vide.

— Ma femme continue de l'occuper, vous ne la voyez donc pas? J'ai toujours respecté sa piété. Pourquoi le cesserais-je maintenant qu'elle est morte?

— Vous pourriez parfois l'accompagner.

— Mon métier, vous savez…

— C'est ce que nous disons: que vous êtes trop pris pour assister à la messe. Et cela ne crée aucun scandale. Mais il y a pis: chaque année, la Quasimodo[43] se passe et l'un de nos paroissiens n'a pas fait ses pâques.

— Est-ce possible, chanoine? Jamais je n'ai entendu sonner le glas.

— Vous n'y êtes pour rien, docteur: j'en ai pris sur moi la faute. Non seulement vous soignez bien, mais encore vous avez de la sollicitude pour la foi de vos patients.

— Comme vous êtes drôle, chanoine Tourigny! Pourquoi les priverais-je de ce qui les aide à vivre?

Le curé de Batiscan resta pensif. Il fit quelques pas en silence.

— Et mon marché?

— Quel marché, docteur Fauteux? Je me défie un peu de vous.

— Pensez-vous, chanoine, que je vous prends pour le Diable?

— Vous en seriez bien capable!… Je me défie parce que je suis obligé de vous ménager. Savez-vous ce que je réponds à ceux qui s'inquiètent de votre âme parce que vous n'avez pas tout à fait les mêmes idées politiques que Mgr Laflèche? Je leur demande qui, dans la paroisse, a le mieux mis en pratique le plus grand commandement de Dieu.

— On me l'a rapporté… Chanoine, ne vous est-il pas arrivé de dire que mon aïeul était allemand et que les Allemands ont peut-être des façons de penser qui ne sont pas les nôtres?

— Oui, mais il y a longtemps. C'était une échappatoire: je ne me sens pas apte à vous juger. Je cherchais à ne pas troubler mes paroissiens, docteur Fauteux. J'ai toujours essayé de les empêcher de choisir entre nous deux.

— Venons-en au marché. Je tiens à être enterré en terre bénite, auprès de ma femme. Que me demandez-vous pour de belles funérailles?

— De vous préparer à la mort.

— Tout dépend: je ne vous conseillerais pas, chanoine Tourigny, de surgir avec goupillon dès les premiers symptômes de la maladie.

— Docteur Fauteux, soyez sans crainte, on y mettra de la discrétion. Quand vous serez inconscient, quasiment

mort, appelez-moi, j'accourrai, mais tout de même n'at-
tendez pas trop tard.

— On fera du mieux qu'on pourra, chanoine.

— Marché conclu, docteur.

— Merci, mon ami, dit le docteur François Fauteux.

Cet important marché fut ratifié à l'évêché de
Trois-Rivières par le protonotaire apostolique, Mgr Charles-
Olivier Caron, homme tout en Dieu et de meilleure composition que Mgr Laflèche qui avait la politique dans le
sang, ce qui lui valut une grande réputation et un rapetissement de son diocèse[44]. Mgr Caron s'occupait de choses
plus sérieuses, en particulier de la formation des prêtres.
Il avait remarqué que le grand séminaire n'y suffisait pas.
Certaines cures lui semblaient indispensables, en particulier celle de Batiscan. Le chanoine Élias Tourigny était
singulièrement habile à arrondir les angles de la théologie. Ces angles aigus entraient dans le vif des fidèles, les
fâchaient contre les plus saintes autorités et parfois les
mettaient en dissidence, comme c'était arrivé à la Baie-
du-Fèvre[45] et à Maskinongé. À cause de cette prédilec-
tion, tous les deux ans, le curé de Batiscan recevait un
nouveau vicaire, parfois deux, même trois, lesquels
étaient sûrs ensuite d'obtenir une cure.

Après le lancement de ce trois-mâts qui allait rom-
pre l'écrou qui avait tenu notre peuple enfermé, hors de
l'histoire du monde, Mgr Charles-Olivier était monté se
coucher sans plus penser à ce navire, symbole de libération. Messire Tourigny, en l'honneur de qui on l'avait
nommé le *Saint-Élias*, n'y pensait pas davantage. Cependant, au lieu de monter, il était resté à veiller, préoccupé
par son nouveau vicaire, l'abbé Armour Lupien, car il
était loin d'être sûr que son passage à Batiscan allait le remettre dans la réalité et parfaire de la sorte ce qu'on lui

avait enseigné au grand séminaire de Trois-Rivières. Il
faisait partie des oiseaux rares pour qui la réalité ne compte
guère, à laquelle ils ne se soumettront jamais et qui ne ces-
seront pas par contre, tout au cours de leur vie, de se la
soumettre, soit par leurs idées, soit par leur pouvoir. Ils
deviennent des artistes, des saints, des fous, des criminels,
quand ils parviennent à vivre; ou bien, mus par une terrible ambition, ils deviennent puissants et redoutables par
les moyens qu'ils acquièrent, la fortune dans les agglomé-
rations, le titre dans les collectivités. Ce jeune homme
était ainsi jeté de l'avant par une disposition particulière,
certes, mais aussi par l'éducation qu'il avait reçue, parce
que, tôt sevré, il n'avait pas été bercé. Il était foncièrement
farouche. Le chanoine Tourigny se demandait comment le
prendre, comment faire descendre en lui la paix de Dieu.
Il lui avait promis de ne pas nommer le docteur Fauteux
du haut de la chaire. Certes, il tiendrait parole, le chanoine
n'en doutait pas comme il était certain que le vicaire Lupien trouverait bien un biais pour l'atteindre.

— Ah, doux Jésus! pourquoi m'avoir envoyé un gi-
bier de la sorte? Je ne connais rien aux animaux sauvages. Pourquoi ne pas m'avoir confié un veau gavé dès
sa naissance, encore repu des caresses de sa mère?

Florence, la première servante, manifesta sa présence dans la cuisine. Elle entendait ainsi signifier au
chanoine Tourigny que, levée avant lui, elle se coucherait
après, comme elle avait toujours fait, et qu'elle ne tenait
pas à passer la nuit debout.

— Florence, je t'avais oubliée: c'est bien, je monte…
Le nouveau vicaire m'inquiète: penses-tu que j'en ferai un
curé qui apportera la concorde et la paix dans sa paroisse.

La première servante répondit:

— Pourquoi me demandez-vous ça? Il ne m'a pas
regardée depuis qu'il est ici.

Elle hésita un peu avant de conseiller au chanoine Tourigny de s'en informer plutôt auprès de Philippe Cossette, le propriétaire du pont péager.

— Il se tient souvent chez lui...

— Oui, on me l'a dit.

— ... même quand Philippe Cossette n'y est pas.

Le chanoine prit son chandelier et en alluma la chandelle. Au pied de l'escalier, il prêta l'oreille au ronflement de Mgr Charles-Olivier qui s'était endormi en se couchant.

— C'est Mgr Charles-Olivier... Celui-là, comment le trouves-tu, Florence?

— Monseigneur est un serviteur du Seigneur: il sort la nuit et prie le jour; il ne se met pas martel en tête pour un loup qui rôde autour de la bergerie.

— Et que fais-tu de la brebis, Florence, de la brebis sans défense?

— La brebis sans défense, vous voulez rire! Si j'étais à votre place, je craindrais bien plus pour le loup que pour elle.

Le chanoine Tourigny monta, son chandelier à la main. Il était évident que Florence ne tenait pas en haute estime Marguerite, la femme de Philippe Cossette. Il n'y avait pas lieu de se surprendre: elle se faisait une spécialité de médire de toutes les femmes de la paroisse. Cette Marguerite attirait un peu plus l'attention que les autres. Elle avait le feu dans le regard, l'œil un peu bridé, la chevelure lourde, noire, opulente, et restait sans enfant après trois ans de mariage. Philippe Cossette, le propriétaire du pont péager de la rivière Batiscan et le plus gros habitant entre Champlain et La Pérade, manquait peut-être de vertu, nonobstant sa corpulence... Sa belle femme ne faisait pas partie des filles qu'on lui avait proposées en mariage après la mort de sa mère; il avait été la prendre en haut de la rivière des Envies, en dehors de l'aire des vieilles familles. C'est une région à ne plus s'y comprendre dans les généalogies, où l'on trouve des gens de l'ouest qui ont traversé le Saint-Maurice à Sainte-Flore, où l'on nomme Pagnol[46] les rejetons négligés et suspects des Marchand et des Massicotte et où des gens du nord, apparentés aux Sauvages, se sont peut-être faufilés. Cette origine incertaine de la population ajoutait encore aux attraits de Marguerite. Quand Philippe Cossette était venu au presbytère pour la publication des bans, le curé lui avait demandé s'il savait au juste qui il épousait.

— Oui, avait répondu Philippe Cossette.

— Alors, mon garçon, laisse-moi te dire que tu fais bien.

Seulement il n'avait pas eu d'enfant. Marguerite par contre l'avait stimulé au travail et rendu audacieux en affaires. Il était devenu si puissant, si «pesant», comme on disait, que personne dans les vieilles paroisses, à Batiscan, à Champlain, à Sainte-Geneviève, à Sainte-Anne-de-la-Pérade, n'aurait osé insinuer qu'elle avait du Sauvage. Le docteur Fauteux, qui ne savait trop comment occuper ses loisirs depuis son veuvage, était toujours rendu chez Philippe Cossette. S'il n'avait pas été si vieux, on aurait volontiers chuchoté qu'il était amoureux de Marguerite.

La nouvelle que le chanoine Tourigny venait d'apprendre de sa servante ne l'aida pas à s'endormir. Il n'appréhendait rien de bon de la rencontre du docteur Fauteux et du vicaire Lupien chez Philippe Cossette, le propriétaire du pont péager de la rivière Batiscan. Il envia les ronflements de Mgr Charles-Olivier Caron.

— Faites, Seigneur, que toutes mes humeurs passent en Vous et que j'en vienne à aimer les hommes et la terre comme lui, assez pour être détaché et dormir quand je veux.

CHAPITRE IV

Le *Saint-Élias* avait déjà fait plusieurs voyages au-delà des passes de Terre-Neuve, dans le grand océan, et son capitaine, qui se nommait Pierre Maheu et n'était pas né natif de Batiscan, commençait à y jouir d'une grande popularité, surtout auprès des jeunes gens; si on l'avait choisi pour mener à bien les navigations du grand voilier qui faisait l'orgueil de la paroisse, en le préférant à des marins plus batiscanais que lui, tels C. D. A. Massicotte ou J. D. C. Trudel qui avaient leur maison dans la grand-rue et trouvaient à s'embaucher où ils voulaient, même à Champlain, c'est qu'il avait bourlingué dans des marines moins caboteuses, en particulier pour le compte d'armateurs anglais dont les vaisseaux sillonnaient toutes les mers du monde. On avait cru d'abord que le *Saint-Élias* appartenait à une corporation de notables; il fallut bien se rendre compte qu'il n'avait qu'un seul propriétaire qui, comme par hasard, était depuis toujours l'ami de Pierre Maheu. On le surnommait Mithridate[47]. C'était Philippe Cossette, le propriétaire du pont péager.

Le sobriquet lui venait de l'abbé Armour Lupien qui avait promis à son curé, le chanoine Élias Tourigny, de ne jamais nommer du haut de la chaire le docteur Fauteux, chef de la faction qui s'opposait à la politique de Sa

Grandeur Mgr Laflèche. Pour l'abbé Lupien, frais émoulu du grand séminaire, cette politique était celle de l'Église, celle de Dieu. C'était un vibrant prédicateur à la parole duquel le chanoine prenait un vif plaisir, même s'il n'était pas sûr de sa doctrine et, de peur d'être dénoncé, l'empêchait de prêcher quand il y avait à Batiscan des ecclésiastiques de passage. L'abbé Armour Lupien ne prêchait pas seulement sur le pape — et c'était à cause de celui-ci, en mauvaise posture dans ses États, qu'il avait une dent contre les rouges et les garibaldiens — mais encore sur Dieu dont il se faisait une conception qui ne déplaisait pas au chanoine Tourigny, encore qu'il ne fût pas sûr de sa justesse.

— C'est le Fils, disait-il, qui a engendré le Père, et le Père par reconnaissance a créé pour nous la voûte des cieux.

Quand son vicaire prêchait sur ce thème, qui semblait lui être cher, le chanoine, de son banc dans le chœur, jetait un coup d'œil sur la nef dans l'espoir d'y apercevoir le docteur Fauteux à sa place réservée de la grande allée. Hélas! le banc était toujours vide et le chanoine, vexé, se demandait s'il ne ferait pas mieux d'excommunier le médecin. Il lui aurait tant plu de pouvoir, après coup, échanger avec lui des commentaires sur le sermon de son vicaire. Il était le seul homme au monde avec qui il pouvait le faire et cet homme lui faussait compagnie.

— Je l'excommunierai, répétait-il par dépit, sachant bien que telle n'était pas sa volonté et qu'au contraire il lui avait promis de l'enterrer en terre consacrée, auprès de sa pieuse épouse.

— Que la Quasimodo revienne, le glas sonnera toute la journée!

Par contre, il était bien content que le banc fût vide quand l'abbé Lupien abordait des sujets plus terrestres et faisait un discours d'inquisiteur parce que son cher père le pape, ennemi du principe des nationalités, ennemi du progrès et de l'histoire[48], était en fâcheuse posture à Rome, ayant perdu ses États. À entendre l'abbé Lupien, qui montrait déjà ce que le pouvoir politique de l'Église a de fou, il aurait dû être l'empereur du monde, plus césarien que César lui-même. Ce fut au cours d'une de ces improvisations frénétiques qu'il dit l'affliction de Sa Grandeur Mgr Laflèche d'avoir des brebis noires dans son troupeau.

— Il va le nommer, l'imbécile! se dit le chanoine Tourigny.

Il ne nomma pas le docteur Fauteux, mais il déclara que l'infâme Garibaldi avait ses séides jusque dans la belle paroisse de Batiscan.

— Allez chez Mithridate, roi de Pont, et vous les verrez à l'œuvre dans leurs sombres conspirations…

Le prédicateur se tourna vers l'officiant qui s'était mis à tousser et n'arrêtait plus. Et l'on vit alors ce qui ne s'était jamais vu à Batiscan, l'officiant s'arrêter de tousser et prendre la parole.

— Abrégez, je vous prie, vicaire Lupien, dit-il, car vous m'avez donné la grippe et je me sens pressé de finir le saint sacrifice de la messe.

Même sans l'intervention du chanoine Tourigny, tous les assistants avaient saisi l'allusion à Philippe Cossette, propriétaire du pont péager, chez qui le docteur Fauteux fréquentait. C'était la première fois depuis l'origine du monde qu'on prononçait le nom de Mithridate à Batiscan. Il parut curieux et amusant, et l'on tâcha de reprendre le temps perdu; on le répéta à satiété, car on trouvait qu'il convenait à Philippe Cossette qui avait de grands biens; on ne l'appela plus dorénavant que le roi Mithridate.

Deux personnages sortirent furieux de la grand-messe, le curé Tourigny et le nouveau roi de Pont, le premier plus que l'autre, car celui-ci rentrait d'humeur incertaine et tenait à connaître l'avis du docteur Fauteux.

— Est-ce que le docteur est ici?

— Tu sais bien que non, Philippe, répondit Marguerite; le dimanche, il reste à la disposition des gens qui viennent à la messe.

— Pourquoi m'appelles-tu, Philippe? Le p'tit abbé Lupien vient de déclarer du haut de la chaire que je me nommais Mithridate.

La jeune femme de Philippe Cossette éclata de rire.

— J'ai l'air fin à présent.

— Voyons, pauvre Philippe!

— Je ne me nomme pas Philippe, je me nomme le roi Mithridate.

— Parce que tu es roi à présent? Bah! ce n'est pas si mal, et, soit dit entre nous, c'est un peu vrai.

— Tu parles pour ne rien dire, ma pauvre Marguerite. Encore si tu savais qui a été ce maudit Mithridate! Tu ne le sais pas, et personne ne le sait à Batiscan, à l'exception de ce petit vicaire de cul, du chanoine Tourigny et du docteur Fauteux... Il est toujours ici, celui-là, quand je n'ai pas besoin de lui. Pour une fois que j'en aurais besoin, il n'y est pas... Tu lui diras, Marguerite, que je ne veux plus le voir.

— Tu le lui diras toi-même, Philippe Cossette.

Le péager, l'armateur, le gros cultivateur se laissa tomber dans son fauteuil.

— Marguerite, je suis malade. Envoie chercher le docteur.

— Mon pauvre petit, tu es plus malade que tu ne le penses. Ce n'est pas du docteur que tu as besoin mais du prêtre: je vais envoyer la servante au presbytère.

Le nouveau Mithridate se leva d'un bond.

— Si tu fais ça, Marguerite, je te tue.

— Tu me tueras si ça t'amuse, Philippe Cossette.

Elle avait le feu dans le regard et l'œil un peu bridé. Elle portait fièrement son épaisse chevelure. Philippe Cossette avait été trop longtemps le bon garçon de sa maman pour affronter cette créature si belle et si farouche qu'était sa femme. Il se laissa retomber dans son fauteuil. Marguerite sonna la servante qui, bien entendu, n'était pas loin.

— Aurilda, tu iras chez le docteur Fauteux et lui diras que monsieur Cossette ne se sent pas bien. Dis-le-lui privément pour que personne n'entende. Il ne faudrait surtout pas qu'il s'amène au galop, le vicaire Lupien serait trop content. Dis-lui la vérité vraie: que ce maudit vicaire a surnommé mon mari Mithridate et que, avant de nous fâcher, nous voudrions bien savoir ce que le mot veut dire.

— Merci, Marguerite. Tu m'es plus précieuse qu'une reine.

Elle lui caressa la tête.

— Oui, mon roi, oui, mon Mithridate.

Puis ils montèrent se coucher et perdirent quelque peu la notion du temps. Lorsqu'il lui sembla que, sans les mettre dans l'embarras, elle pouvait pénétrer jusqu'à eux, Aurilda vint les avertir que le docteur François Fauteux et l'abbé Armour Lupien les attendaient dans le salon.

— Mais nous n'avons pas dîné, Aurilda!

— Le repas est tout prêt.

— Eh bien! invite ces deux visiteurs à manger avec nous.

Philippe Cossette n'eut bientôt plus que sa redingote à mettre.

— Marguerite, qu'est-ce que tu attends pour t'habiller?

— Mon cher, il paraît qu'à Paris les femmes reçoivent en robe de chambre, en déshabillé, comme on dit.

— Tu n'es pas à Paris, tu es à Batiscan.

— Philippe Cossette, ne sais-tu pas que le docteur Fauteux m'a déjà soignée quand j'étais malade et que je n'ai rien à lui cacher au sujet de ma personne?

— Mais le vicaire, Marguerite?

— Roi Mithridate, tu es trop bon, toi!

Philippe Cossette ne put s'empêcher de rire. Surtout il ne pouvait cacher qu'il était amoureux de sa jeune et belle femme qui lui rendait son sentiment et ne l'a jamais trompé que sur avis médical, pour lui faire un enfant et l'aimer mieux encore.

Il passait deux heures de l'après-midi. Néanmoins personne n'avait dîné; Philippe et Marguerite Cossette, parce qu'ils avaient pris un brin de repos; le médecin, parce qu'il était venu aussitôt qu'il eut expédié ses consultations du dimanche avant-midi, et le vicaire Lupien, parce qu'il avait trouvé le chanoine Tourigny au presbytère plus en colère que Moïse à sa descente du Sinaï. Le chanoine, tout rouge, lui avait crié:

— Ah! c'est ainsi qu'on me prend pour un vieil imbécile, c'est ainsi qu'on contourne mes interdits par des biais qui ne respirent que la malice et peuvent se prêter à toutes les interprétations. Mithridate, roi de Pont, la belle astuce! Bien sûr que tout le monde a compris qu'il s'agissait de Philippe Cossette, le propriétaire du pont péager, et qu'au fond vous visiez le docteur Fauteux, étant donné que Cossette n'a pas la moindre idée politique! Vous m'avez désobéi et vous avez donné un sobriquet à un homme d'entreprise, utile à la paroisse, qui ne le méritait pas.

— Quel sobriquet, messire?

— Vous êtes abstrait, livresque, incapable de vous mettre à la portée des simples… Mithridate, dont personne à Batiscan n'a la moindre idée, ne pensez-vous pas que le terme peut coller à l'homme et devenir son sobriquet?

L'abbé Lupien baissa la tête, penaud.

— Vous allez vous rendre sans délai à la résidence de monsieur Philippe Cossette, pour lui présenter vos excuses tout en lui expliquant que le terme n'a rien de péjoratif et que Mithridate a passé sa vie à lutter contre les Romains, qui étaient les Anglais du temps.

Le vicaire Armour Lupien se rendit donc chez Philippe Cossette. On le fit passer au salon. Peu après, le docteur Fauteux arrivait tout essoufflé.

— Monsieur l'abbé, vous ne le croirez peut-être pas: on m'a mandé comme philologue et non comme médecin! C'est la première fois de ma carrière... Au fait, c'est à cause de vous, mon jeune et impérieux ami.

— Cela se pourrait bien, docteur Fauteux.

— Il faut étudier les termes dans le contexte de Batiscan. J'avais toujours trouvé idiot ce royaume de Pont. Ici, tout devient simple: il n'y a qu'un pont, c'est celui de Philippe Cossette qui possède bien d'autres biens, en particulier ce magnifique trois-mâts qu'on vient de lancer et qui fait honneur à Batiscan. Par rapport aux autres, pas seulement les journaliers, même les cultivateurs, on peut dire qu'il est roi... Soit dit entre nous, monsieur l'abbé, Philippe est vaniteux comme tout le monde; cela le flattera d'être roi.

— Vous pourriez ajouter, monsieur le docteur, que Mithridate a passé sa vie à lutter contre les Romains qui étaient les Anglais du temps.

— En somme, mon cher vicaire, vous n'avez pas le moins du monde voulu insulter mon ami Cossette.

L'abbé Armour Lupien sourit, laissant poindre sa dent.

— Non, répondit-il, je vous visais.

Le docteur Fauteux parut enchanté de cette franchise.

— Au fond, dit-il, j'aime bien mes ennemis et me sens diminué quand ils sont bas et rampants… Mais pourquoi ce détour?

— À cause du chanoine Tourigny. Ce n'est pas un homme d'idées. Il veut la paix et la concorde dans sa paroisse. Or vous y êtes depuis trop longtemps, vous avez aidé à vivre et l'on vous en sait gré. Je ne saurais attaquer vos idées sans toucher à votre personnage. Le chanoine a sans doute raison, mais je suis jeune et les mots m'emportent.

L'abbé était maigre, osseux, sans doute de santé capricieuse; à la fois fatigué et débordant de trop d'énergie. Il n'avait rien de plaisant ni d'attachant, mais il ne manquait pas de séduction; en dessous de ses épais sourcils noirs, ses yeux bleus avaient un charme étrange. C'étaient des yeux qui pouvaient fasciner une femme, mais cette femme ne le retiendrait pas, ni elle ni personne. Le vieux médecin ne pouvait s'empêcher d'éprouver de la pitié pour lui, à cause de ce besoin d'absolu qui lui semblait incompatible avec la vie, telle qu'il la connaissait. En même temps il ne pouvait s'empêcher de penser qu'il avait les dispositions voulues pour donner un fils à Philippe Cossette.

— Jeune homme, dit le docteur Fauteux, soyez sans crainte, mes amis vous accueilleront avec simplicité. Je me demande même s'il vous faudra toujours l'ordre exprès du chanoine Tourigny pour revenir dans cette maison.

— Que voulez-vous dire?

Déjà le vicaire était moins sûr de lui. Les paroles du vieux médecin, pleines d'arrière-pensées, lui avaient laissé un curieux malaise. Peu après Philippe et Marguerite Cossette descendirent et l'on passa dans la salle à manger. L'abbé Lupien présenta hâtivement ses excuses et le docteur Fauteux ajouta quelques mots sur le sujet. On avait servi un vin brûlé, fauve et sucré. Pendant le repas, les yeux si différents du jeune ecclésiastique et de la jeune femme croisèrent le regard et tous deux restèrent décontenancés, étonnés même par le sentiment qu'ils éprouvèrent l'un pour l'autre. Philippe Cossette crut qu'ils éprouvaient de l'aversion. Le docteur Fauteux vit les choses telles qu'elles étaient et comme il les avait désirées peut-être; mais en même temps il s'en trouvait malheureux à cause de son amitié pour le chanoine Tourigny. Quant à Mithridate, roi de Pont, il n'en fut guère question, sauf pour regretter ses défaites, ses poisons et sa mort. «On tâchera de faire mieux», dit Philippe Cossette en levant son verre, ce qui montrait bien qu'il n'en voulait pas à l'abbé Armour Lupien et que celui-ci, ne se doutant de rien, avait sacré le premier Mithridate du haut de la chaire de Batiscan et donné naissance à une dynastie où son sang, mêlé à celui de Marguerite, allait apparaître à la deuxième génération.

CHAPITRE V

Mithridate II fut baptisé sous le nom d'Armour Cossette dans la maison de ses parents, près du pont péager qui, cette journée-là, en guise de réjouissance, garda sa barrière levée, ouvert à tout venant. On avait donné pour prétexte que la santé fragile de l'enfant ne permettait pas qu'il devînt chrétien de la même manière que tous les enfants de Batiscan l'avaient fait avant lui et le feraient par la suite, c'est-à-dire sur les fonds baptismaux de l'église paroissiale.

Le chanoine Élias Tourigny ne se déplaça pas pour cette cérémonie où l'officiant fut un prêtre de l'évêché de Trois-Rivières, l'abbé Normand[49], qu'on désignait déjà à la succession de Mgr Laflèche, comme on le désigna plus tard à celle de Mgr Cloutier et qui n'eut jamais d'autre titre que ces bruits: non seulement il ne devint pas évêque, il ne se mérita même pas un ceinturon de chanoine. D'ailleurs tout le monde à Batiscan savait que l'enfant était aussi robuste qu'un nouveau-né pouvait l'être et que sa voracité faisait la joie de son père, Philippe Cossette, quand il obligeait Marguerite à défaire son corsage pour l'allaiter. Le docteur Fauteux, malgré son âge, avait tenu à être le parrain.

Peu de temps avant ce baptême, le *Saint-Élias* était revenu d'une longue navigation. Le capitaine Maheu avait dit en prenant pied par terre qu'il était fier de lui-même, de son vaisseau et de l'équipage, car il avait réussi, ce qui ne s'était jamais fait, à parcourir le triangle à l'envers. C'était un coup d'audace, à n'en point douter. On félicita le capitaine Maheu, même si l'on ne saisissait pas au juste en quoi consistait ce coup d'audace.

— Le *Saint-Élias* est arrivé, dit Florence à son curé. Et vous ne savez pas? Il a fait le triangle à l'envers.

Le chanoine, qui avait été reconduire son vicaire à Saint-Thuribe, dont il venait d'être nommé curé, ne commenta pas la nouvelle. On sut bientôt quelle avait été la navigation du *Saint-Élias*. Il ne rapportait pour toute cargaison que des vins et des spiritueux, mais il en rapportait généreusement, le plus qu'il le pouvait. Cela voulait dire qu'il revenait des vieux pays. Un des Batiscanais de l'équipage le confirma: «Dans ces vieux pays-là, vous ne le croirez peut-être pas, on parle quasiment comme ici, en français.» De ces vins et spiritueux, il y en eut pour la religion et la politique. Il y avait même des bouteilles de champagne. On en servit lors de la cérémonie du baptême et l'abbé Normand en apprécia vivement le goût. Sur le chemin du retour vers Trois-Rivières, allongé dans la calèche de l'évêché avec la nonchalance d'un triomphateur romain, il ne refusa sa bénédiction à personne, même pas aux vaches et aux cochons — «Ces pauvres oubliés!», disait-il au cocher rétif qui, par mode de compensation, était toute raideur afin de sauver l'honneur des armoiries de Sa Grandeur. Dans son for intérieur, cet homme cérémonieux comprit d'instinct que jamais l'abbé Normand, malgré sa prestance et sa famille, ne deviendrait l'évêque du diocèse de Trois-Rivières.

Au-delà des passes de Terre-Neuve, le *Saint-Élias* était descendu vers les Antilles, plus précisément à Cap Haïtien d'où il avait obliqué vers le port de La Rochelle

pour revenir ensuite à Batiscan. Autrefois les vaisseaux
français descendaient en Afrique se fréter de bois d'ébène,
traversaient l'Atlantique et regagnaient ensuite leur port
d'attache. C'est à ce triangle-là que le capitaine Maheu se
référait pour dire qu'il avait fait le sien à l'envers. Chose
certaine, sa navigation fut profitable à son armateur, Philippe Cossette, dit Mithridate I. Il est même possible
qu'une forte quantité de vin de messe, offerte à un prix
défiant toute compétition, ait été à l'origine du baptême
du fils de cet armateur, le deuxième de la dynastie, baptême donné à la maison — chose qui ne s'était jamais vue
à Batiscan ni dans les autres paroisses du diocèse.

Quatre ans plus tard, il ne restait plus que six mois
d'apostolat paroissial au curé de Saint-Thuribe avant
qu'il ne devienne professeur de lettres à l'Université Laval de Québec. Cet apostolat lui était pénible car malgré
toute son éloquence, la simplicité qu'il recherchait, il
n'avait pas la même façon de parler que ses paroissiens;
pour tâcher de la comprendre, ceux-ci suaient à grosses
gouttes mais ils n'y parvenaient pas. Lui, il les voyait
suer et ne se le pardonnait pas; sa cure le rendait infini-
ment malheureux. Il pouvait toujours se dire qu'à la Faculté des lettres, au moins, on le comprendrait; cette pen-
sée ne lui était qu'une bien pauvre consolation car Dieu
ne s'est pas incarné pour les bacheliers mais pour les enfants et les simples d'esprit. On considérait qu'il avait un
esprit distingué; il n'avait que du mépris pour lui-même
et, n'eût été la grâce de Dieu, il aurait regretté de ne pas
s'être pendu pour de bon dans la grange de la fabrique, à
Batiscan. Néanmoins il avait déjà commencé à préparer
ses cours. C'était un signe que sa future carrière l'attirait.
Au moins il s'y ferait comprendre! Mgr Charles-Olivier
Caron et le chanoine Élias Tourigny, ses protecteurs, savaient peut-être mïeux que lui ce qu'il lui fallait. Il en

était rendu à Rotrou[50] qui le charmait plus que le grand Corneille[51].

> Fuis sans regret le monde et ses fausses délices,
> Où les plus innocents ne sont point sans supplices,
> Dont le plus ferme état est toujours inconstant
> Dont l'être et le non-être ont presqu'un même instant.

Justement parce qu'il se croyait indigne d'être le représentant de Dieu sur terre, il avait de l'attachement pour ces deux hommes d'autorité, d'âge à être son père. Il leur était reconnaissant de l'avoir distingué entre bien d'autres et de lui vouloir du bien, de l'avoir peut-être mieux compris qu'il ne se comprenait lui-même. Il aimait surtout le chanoine, non pas de lui avoir sauvé la vie contre son gré, à un moment où il aurait préféré mourir, mais de l'avoir relancé, de lui avoir redonné une raison de vivre, sinon le goût...

Hélas! il n'alla pas plus loin que Rotrou et n'enseigna jamais les lettres à l'Université Laval. Au printemps de 1873, il fut brusquement emporté par un mal de poitrine qu'il traînait sans doute depuis longtemps et qui s'était déclaré après qu'il eut pris froid en allant porter les derniers sacrements à un pauvre misérable dans un rang de Saint-Alban, dont le curé se trouvait absent. Peut-être y était-il allé avec trop de précipitation. Le supposé mourant qui était une manière de Magoua[52], un vieux narquois, s'était trouvé mal après une chicane de famille! Armour Lupien s'amena, exténué; le bonhomme se sentait déjà mieux et demandait sa pipe.

— Faites vite, monsieur le curé, parce que j'ai une terrible envie de fumer.

L'abbé Lupien se demanda s'il ne s'était pas donné beaucoup de peine pour rien. D'autres à sa place se seraient indignés. Lui, il n'en fut qu'affligé, n'osant pas penser au retour. Il pleuvait, cette nuit-là, et les chemins glacés défonçaient. Le bedeau de Saint-Thuribe, son charretier, lui avait conseillé, en venant, de le serrer bien fort, son bon Dieu.

— De toute façon, Linette en aura pour un mois à boiter, les pattes toutes crevassées.

Cette jument, une bête fine et racée, était le cadeau du chanoine Élias Tourigny à son ancien vicaire, quand celui-ci était devenu curé de Saint-Thuribe.

— Serrez-le fort, pour qu'elle ne se cramponne pas avec ses fers. J'en connais un qui ne serait pas content; vous savez qui, c'est le chanoine Tourigny. Il juge l'homme à la bête. S'il trouvait sa Linette les pattes finies, prenez-en ma parole: vous auriez les deux jambes cassées, monsieur le curé.

Par bonheur, une vieillarde se trouvait au chevet du malade. Quand elle vit l'affliction du jeune ecclésiastique, déjà exténué et tout mouillé, elle intervint avec véhémence pour lui redonner courage.

— Ne vous fiez pas aux apparences, monsieur le curé, les vieux Magouas font toujours de même: il n'y en a pas un, pas un, m'entendez-vous, qui ne demande sa pipe avant de mourir!

Cette vieillarde n'avait plus qu'un chicot dans la bouche; il était noir comme la suie mais tenait bon, et elle semblait si sûre de ce qu'elle disait qu'elle aurait enjôlé le Diable lui-même. Le curé Lupien ne demandait pas mieux que de la croire. Il extrémisa le bonhomme. Après quoi, un voisin qui n'était pas un journalier, un creuseur de fossés, un pauvre misérable ni un Magoua mais un véritable cultivateur, fier et guindé, comme dans les vieilles paroisses, et qui de plus était marguillier et avait une grand-maison, offrit l'hospitalité au curé de Saint-Thuribe, hospitalité que son charretier, le bedeau, lui conseilla d'accepter.

— Venez vous reposer au moins une heure ou deux, pendant qu'on fera sécher votre linge qui est tout mouillé, monsieur le curé.

— Je vous remercie, monsieur, répondit l'abbé Armour Lupien, mais nous devons partir sans tarder si nous voulons arriver pour l'angélus et la messe. Il continue de pleuvoir: à quoi bon faire sécher son linge? Il sera de nouveau trempé et nous n'en serons que plus transis.

L'habitant insista, disant qu'il ne fallait pas en demander trop à sa bête.

— La vôtre a le sabot petit. Elle plantera à chaque pas et se blessera aux pattes.

— Le bon Dieu et sa sainte mère veilleront sur notre retour. Je suis venu à Saint-Alban par une obligation qui ne saurait l'emporter sur les devoirs du curé de Saint-Thuribe.

Le marguillier baissa la tête; certes, il était impressionné par les paroles du jeune curé, mais il éprouvait surtout une grande honte à cause du supposé moribond: à peine extrémisé, celui-ci avait sauté hors du lit et se berçait maintenant tout en fumant sa pipe.

— Vous m'avez sauvé la vie, annonça-t-il au curé. C'est effrayant comme votre sacrement m'a fait du bien: je me sens mieux qu'avant. Tout le monde le saura: dans cinq ans, dans dix ans, je répéterai encore que vous êtes venu de Saint-Thuribe par la plus sale nuit du mois jaune[53], malgré la pluie et les mauvais chemins, et que vous avez fait un miracle pour moi, pauvre misérable.

Le curé ne répondit pas, étant donné que telle n'avait pas été son intention en lui administrant le sacrement de la mort. Il se disait quant-et-lui qu'il aurait peut-être pu se dispenser de réciter la prière des agonisants. Le

chanoine Tourigny l'avait prévenu des réactions para-
doxales qu'il lui arriverait de susciter de temps à autre et
il avait ajouté:

— Je ne sais pas si les Latins de Trois-Rivières te
l'ont appris: le représentant de Dieu n'est pas le bon Dieu
pour autant; il accomplit son devoir selon les rites de la
sainte Église et ne s'étonne pas que Dieu parfois décide
autrement que lui. Jamais, au grand jamais, tu m'entends,
Armour Lupien, tu ne contrediras les manifestations inso-
lites que tu auras provoquées contre ton dessein. La seule
façon d'être digne de Dieu, c'est de le respecter dans les
pauvres gens qui souvent comprennent tout de travers.

Le curé de Saint-Thuribe s'en retourna donc sous la
pluie glaçante, au milieu de la nuit, par des chemins où
Linette, sa jument, tirait sur le mors pour prendre le trot;
mais le bedeau, les mains gourdes, peut-être gelées, devait la retenir au pas pour l'empêcher de se cramponner
lorsque ces chemins, plus hauts que la neige dans les
champs, défonçaient sous ses fins sabots. Quand le bedeau, n'en pouvant plus de ses mains et aussi par la fatigue
qu'il ressentait entre les omignons, relâchait les guides, il
n'attendait pas que Linette butât, tout aussitôt il les repre-
nait, pensant au curé de Batiscan qui aimait autant le bon
Dieu que les chevaux et dont l'autorité s'étendait
jusqu'au-dessus de Saint-Thuribe et de Saint-Alban. Du
haut de la chaire, il avait émis quelques préceptes qui ensuite avaient été colportés comme paroles de l'Évangile,
à savoir que le jugement dernier aurait lieu en présence
de tous les animaux de la terre et que ceux-ci seraient
écoutés par le Seigneur avec autant d'attention que les
hommes et qu'ainsi bien des hypocrites seraient démas-
qués à la face du monde.

— Dieu n'est pas un juge de la Cour de circuit[54].
Ces juges, vous vous en êtes rendu compte, donnent raison

à ceux qui ont de belles paroles. Il n'en sera pas de même
au jugement dernier, car les bêtes seront là, avec les enfants et les simples d'esprit. Les hypocrites et les phari-
siens auront beau mentir par de belles paroles, ces paroles
ne feront qu'entrer dans l'oreille du Souverain Juge et
sortir par l'autre, car il verra devant Lui la détresse de la
bête malheureuse, les tics et l'angoisse des enfants et des
simples d'esprit qui auront été bafoués. Il faut tuer des
animaux pour vivre, c'est entendu, mais je vous le dis, en
vérité, ceux qui auront pris un plaisir mauvais aux cris
des cochons des Avents[55] qui se répercutent aux quatre
coins de la paroisse, ceux-là seront condamnés et crieront
à leur tour en enfer durant toute l'éternité.

Linette s'en tira avec quelques crevasses qui, après
pareille équipée, par ce temps de l'année, n'avaient rien
de déshonorant. Le bedeau épuisé, mais content de lui,
après avoir pansé les pattes de la jument, sonna l'angélus
du matin à l'heure convenue, soit à six heures, et les cultivateurs de Saint-Thuribe, qui avaient déjà commencé
leur train, se recueillirent comme à l'habitude. Cependant, au presbytère, l'abbé Armour Lupien, transi jusqu'aux os et grelottant, mettait des vêtements chauds
pour reprendre contenance. Il eut une faiblesse durant la
messe, après le *Credo*. Après s'être agenouillé, la tête très
bas, il sentit l'évanouissement s'éloigner et put se relever.
Se tournant vers l'assistance, peu nombreuse car c'était
un jour de semaine et le mauvais temps avait empêché
plusieurs vieilles dames de sortir, il lui demanda de prier
Dieu et le saint du jour de l'aider à finir sa messe. De fait
il put la dire jusqu'au bout, s'abstenant toutefois de donner la communion aux fidèles. De retour au presbytère, il
prit un peu de bouillon chaud et monta se coucher, s'arrê-
tant dans l'escalier pour demander à sa ménagère de ne
pas s'inquiéter.

— Je suis tout simplement morfondu de fatigue.

De quoi la ménagère ne fut pas sûre, car il avait le visage tout en sueur et grelottait de froid. Plusieurs fois durant l'avant-midi, elle alla tendre l'oreille à la porte de sa chambre: par moments il avait une petite toux sèche, par d'autres il se plaignait; elle l'entendit même dire: «Jésus, Jésus, venez à mon secours.» Peut-être rêvait-il? Et il appelait ainsi à l'aide parce qu'il respirait mal et semblait manquer d'air. Mais la ménagère se trompait: malgré la nuit blanche qu'il venait de passer, son curé ne dormait pas. Si elle en avait été sûre, elle aurait su qu'il était malade, très malade, qu'il avait peut-être pris son coup de mort en allant à Saint-Alban sans grande nécessité, pour un vieux Magoua qui n'en valait pas la peine, qui n'avait pas plus besoin d'un prêtre que d'un Sauvage. Inquiète, elle se disait, pleine de ressentiment contre ce vieux Magoua, ce pauvre misérable, que, s'il y avait eu un Sauvage dans les parages, c'est lui qu'il aurait demandé, non le curé de Saint-Thuribe.

— Peut-être que non, parce que le Sauvage, il aurait dû le payer, tandis que le curé, il l'a eu pour rien, cette pauvre créature du bon Dieu, cette pauvre victime!

Elle renversait les éléments de la parabole: son curé devenait la brebis partie à la recherche du Bon Pasteur perdu. Malgré toutes ses inquiétudes, la ménagère attendit jusqu'à midi pour ouvrir la porte de la chambre. Après avoir frappé, elle n'avait reçu pour réponse qu'un murmure de voix. Quand elle entra, elle comprit qu'elle ne s'était pas inquiétée pour rien.

— Monsieur le curé, qu'attendez-vous? le dîner est servi.

— Ma pauvre Isola, excusez-moi, mais je pense qu'il vaut mieux que je me repose encore. Je descendrai pour le souper.

Cette réponse, le curé la fit toute déchiquetée par la toux et les claquements de dents.

— Vous êtes bien malade, dit-elle.

— J'ai peut-être un peu de fièvre, c'est tout.

— Je vais vous monter du bouillon chaud.

— Tu ne vois pas que je suis en sueur! Non, laisse-moi dormir, c'est tout ce que je te demande.

— Pauvre vous! croyez-vous que je ne devine pas que vous n'êtes même pas capable de dormir?

Alors dans un sursaut, avec cette voix de tête qui impressionnait tant en chaire, même si on ne le comprenait pas très bien, il dit:

— Isola, sors d'ici! Je veux être seul, seul, tu m'entends!

La ménagère sortit de la chambre, pleine de pitié pour ce jeune prêtre qui aurait pu être son fils et qui, si mal en point, ne voulait pas de soins ni de consolations à la manière d'un orphelin qui, n'en ayant jamais reçu, n'aurait pas su comment se laisser soigner et consoler. Elle s'empressa de demander secours et le soir même, grâce au froid qui était revenu et avait durci les chemins, le médecin de Sainte-Anne-de-la-Pérade était au presbytère de Saint-Thuribe. Il diagnostiqua une pneumonie droite et annonça que c'était un dangereux débat entre la vie et la mort.

— Dans huit jours, vous saurez laquelle des deux l'a emporté.

Il prescrivit la médication habituelle et redescendit à Sainte-Anne où d'autres cas l'attendaient. Comme on le remerciait de sa diligence et de son habileté, il haussa les épaules:

— Je ne fais que mon métier, dit-il, et lorsqu'il m'arrive, dans un cas comme celui de monsieur le curé Lupien, de poser un diagnostic et un pronostic précis, cela me rétablit dans ma confiance et me repose de toute fatigue, car ces cas-là sont plus rares que vous ne croyez. Le plus souvent nous devons rassurer les malades dont la maladie incertaine nous laisse dans l'inquiétude.

Le médecin de La Pérade était estimé par ses confrères et peu aimé des populations qui le trouvaient trop brusque et mauvais guérisseur parce qu'il mettait trop de franchise dans un art qui n'en demande guère.

CHAPITRE VI

Sur le lit dont il ne se relèverait pas, dans sa chambre du pauvre p'tit presbytère de Saint-Thuribe, des femmes se penchaient sur l'abbé Armour Lupien. C'était Isola, sa ménagère, c'était une petite bonne dont il ne connaissait pas le nom, c'était Estelle, c'était Marguerite. Derrière tous ces visages, il en cherchait un autre dont il ne se souvenait pas, celui de sa mère qu'il avait perdue alors qu'il venait d'avoir trois ans, qu'il avait oubliée mais dont le visage devait se trouver derrière tous ceux qu'il voyait et qui n'en étaient peut-être que les masques. Son père ne s'était jamais remarié et avait continué d'être amoureux de sa jeune femme, morte et toujours vivante. L'abbé Lupien lui avait toujours gardé rancune de l'avoir perdue comme s'il avait été responsable de cette mort; peut-être l'abbé n'avait-il pas complètement tort, car, de cette jeune femme, le fils se trouvait écarté au profit de ce père abusif dont le malheur justement n'avait jamais cessé de le narguer.

Le pauvre homme, qui était sensible et doux, avait deviné les sentiments de son fils. Il ne s'en était pas offusqué car il se gardait rancune lui-même d'avoir perdu cette jeune femme qui, bien plus que lui-même, méritait de vivre. Il était sellier à Saint-Justin. Les cultivateurs, pourtant difficiles à contenter, voyaient en lui un artisan habile et diligent. Il était même arrivé qu'à Saint-Justin on avait cessé de mentionner le sellier dans la chanson toute paysanne du diable sorti des enfers[56] pour ramasser son monde et qui embarquait dans sa voiture tous les notables et artisans du village. Léon Gérin[57] l'a consigné dans ses notes: «Il arrive que dans une paroisse on a de l'estime et de l'admiration pour un des artisans du village, on ne mentionne pas son métier dans la chanson du Diable, vengeur des habitants qui eux de même, bien entendu, ne montent jamais dans sa charrette.»

De plus, le père de l'abbé Lupien dirigeait le chœur de chant avec une autorité que personne jamais ne contesta car il n'avait aucune vanité personnelle: il le faisait en mémoire de sa femme qui, née Saint-Cyr, était d'une famille musicienne et avait touché l'orgue durant quelques mois, après son mariage. Beaucoup de vieilles gens des paroisses environnantes, de Sainte-Ursule, de Saint-Léon, de Saint-Didace, de Maskinongé, venaient parfois entendre la messe à Saint-Justin. Ils venaient à cause du chœur de chant et l'on en a souvent vu pleurer, on ne savait pas pour quelle peine. Quand les enfants demandaient à leurs parents: «Qu'est-ce qu'ils ont donc à pleurer, ces vieilles gens qui viennent de l'étranger?», les parents avaient du mal à maîtriser leur émotion et répondaient de façon bourrue que c'étaient des manières de fous en difficulté avec leur curé et qu'ils pleuraient sans doute par repentir.

Mgr Gérin[58], le curé de Saint-Justin, le frère d'Antoine Gérin-Lajoie[59], le célèbre écrivain, avait aidé le sellier Lupien à faire instruire son fils au Séminaire de Trois-Rivières. Quand celui-ci eut fini sa Rhétorique, il demanda à entrer dans les ordres; on exigea qu'il fît d'abord ses philosophies[60]. Quand il les eut complétées, il réitéra sa demande; on exigea alors un patrimoine pour qu'il ne fût pas aux crochets du diocèse si jamais il tombait malade, comme on pouvait le craindre, étant donné le mal qui avait emporté sa mère. Ce patrimoine fut constitué en peu de temps. Certes Mgr Gérin et son frère y contribuèrent, mais encore beaucoup d'autres notables des comtés de Berthier et de Maskinongé. Le plus généreux fut le docteur Neveu[61], de Sainte-Ursule, qui, célibataire et mélomane, vouait aux Saint-Cyr la plus grande admiration. Ce patrimoine permit au jeune homme de devenir prêtre. Une telle exigence, loin de le blesser, lui fit aimer davantage sa mère, cette fois avec une pitié pour lui-même qu'il se trouvait à partager avec la pitié qu'il éprouvait pour elle. Il resta néanmoins dans son incapacité de donner une forme à son souvenir. Quelques années auparavant, il avait cru être moins aveugle: il voyait sa mère par mémoire en même temps qu'il s'apercevait lui-même à ses côtés. Un jour, il avait compris qu'il s'agissait là de souvenirs appris qui ne lui venaient pas de sa mémoire; autrement, si le souvenir avait été réel, alors il l'aurait vue seule, sans ce petit garçon qui ne se serait pas dédoublé.

Studieux en son séminaire, il ne redevenait pas un sauvageon lorsqu'il revenait à Saint-Justin passer ses vacances d'été; il restait studieux, pâle et appliqué, parce qu'il bénéficiait d'un modèle, de Léon Gérin qui, retiré chez son oncle, au presbytère, ne sortait pas sans son carnet et qu'on apercevait parfois, arrêté sur le trottoir, prenant des notes. Il préparait alors son ouvrage sur la famille rurale, qui est encore un livre célèbre, un classique de notre humble et sérieuse littérature. Il était pour Armour Lupien un aîné prestigieux, avec qui il aurait volontiers causé si l'occasion s'en était présentée. Il n'avait rien de particulier à lui dire. Par contre, à défaut d'occasion, il pensait lui soumettre un petit roman qu'il était en train d'écrire. Hélas! quand il l'eut fini, Léon Gérin était déjà reparti de Saint-Justin.

Il l'écrivit durant l'été qui suivit ses Belles-Lettres. C'était un roman dit d'action et d'aventures. Si l'on met de côté les comparses, il n'avait que deux personnages, Estelle et David; Estelle qui aimait David et David qui, retenu par ses devoirs, se trouvait dans l'impossibilité de répondre à sa passion. Estelle en mourait. Elle était pourtant riche et brillante. Quant à l'empêchement du héros, il correspondait à celui d'Armour Lupien, dont le principal devoir était de devenir prêtre puisque c'était dans ce but que son tout-puissant protecteur, Mgr Gérin, le gardait aux études. Estelle n'était pas sans rapport avec sa mère. Ainsi commençait-il par lui redonner la vie. Au terme d'une glorieuse journée où ils ont abattu trois chevreuils, les chasseurs célèbrent leurs exploits. Leur grosse joie ennuie Estelle, la seule personne du sexe et la fille du boss qui, tel un monsieur Grandbois ou un monsieur Power[62], à la suite de combines dont il ne saurait être question, s'est mérité des concessions forestières. «Estelle regardait les eaux du lac qu'un rayon de lune striait d'argent. La soirée lui semblait si ravissante qu'elle voulut être seule. Quittant son père et ses grossiers compagnons, elle se dirigea vers le rivage, monta dans un canot et partit voguer. On n'avait pas remarqué son absence. Chaque prouesse appelait des commentaires. On n'était pas pressé d'en finir. Tout à coup, dans le calme de la nuit, retentit un cri de détresse. D'un bond, tous les hommes furent sur pied. "Quelqu'un se noie, vite, aux canots!" dit David. À peine prenait-il le large, qu'il entendit encore un faible cri, suprême appel. Piquant aussitôt dans la direction de cet appel, avironnant de toutes ses forces, il fut bientôt sur le théâtre de l'accident: un canot chaviré ballottait en tournoyant comme une malheureuse épave. Sans souci du terrible danger qu'il courait à tenter un sauvetage dans un remous, il fit un plongeon et disparut comme une flèche sous les eaux. Trois fois il crut saisir le corps de la victime et trois fois la force du tourbillon le lui arracha. Ses forces allaient le trahir quand, dans un effort désespéré, sa main rencontra une chevelure de femme. En quelques brassées vigoureuses, il se retrouva à la surface et hors du remous, avec son fardeau. C'était l'imprudente Estelle. Quelle fut l'émotion du père quand il vit apparaître David tenant dans ses bras le corps inerte de sa fille. On l'emmena sur le rivage où l'on pratiqua la respiration artificielle. Estelle resta quelques instants sans mouvement, pâle, les yeux fermés, insensible en apparence aux soins qu'on lui prodiguait. Enfin, au bout d'une dizaine de minutes, la jeune fille ouvrit les yeux, se leva et, appuyée sur le bras de son père, elle s'éloigna à pas lents.»

Le jeune séminariste avait cru écrire un chef-d'œuvre. Lorsqu'on lui eut fait observer qu'il n'y a guère de courant dans les lacs et moins encore de remous, cette critique lui parut mesquine et l'irrita. Son texte se situait bien plus haut que ces détails et le lac devait s'y soumettre, ayant courant et remous. Et peut-être avait-il raison, car ce roman, malgré ses maladresses, touchait à ce qu'il avait de plus personnel, de plus cher en lui. Cette Estelle sauvée des eaux allait bientôt mourir comme sa mère était morte, de la poitrine, étouffée, et de la même façon qu'il allait mourir lui-même. Pouvait-il la sauver de nouveau, engloutie si profondément que des yeux de sa mémoire il ne la voyait même pas? Le premier sauvetage marquait justement son incapacité de le faire, elle qui n'était pas de sa génération, qu'il avait aimée à son insu et ne pouvait même pas penser à retrouver. Il n'était parvenu à l'évoquer que pour la reperdre, que pour mieux se signifier qu'elle resterait toujours perdue. «Les instants s'écoulaient, lourds d'une dévorante anxiété, emportant la plainte rauque de la malade. Vers minuit, elle eut une crise amenée par l'agglomération des membranes qui obstruaient le larynx. La malade, suffoquée, se débattait; elle ne voulait plus rien supporter sur elle, rejetait ses couvertures. Puis l'agitation cessa. Ce fut une espèce de torpeur, un souffle si insensible que l'asphyxie commençait…»

Le curé de Saint-Thuribe eut un faible sourire et dit à Isola:

— Je me demande comment j'ai sauvé Estelle des eaux. Peut-être pouvez-vous me l'expliquer?

La ménagère répondit:

— Monsieur le curé, vous m'en demandez trop. Patientez un peu. Messire Élias Tourigny et le docteur Fauteux sont sur le point d'arriver. Eux, ils ont tout le savoir et toute l'autorité pour vous l'expliquer… Moi, pauvre vous, si vous saviez comme je ne sais rien!

— On m'a dit: «Ce roman est une impasse, il ne faut pas s'y obstiner.» Mais la vie, Isola, n'est-elle pas une fameuse impasse?

— Je n'en sais rien, monsieur le curé. Je ne veux rien en savoir.

— Une impasse dont on se tire quand même. On se croit pris dans une enveloppe de peau, prisonnier de soi pour toujours, et puis l'on est malade, on guérit de soi, on est délivré.

La ménagère demanda à l'abbé Lupien de parler moins, tel que le médecin de Sainte-Anne-de-la-Pérade le lui avait expressément recommandé.

— Une question encore, Isola: es-tu bien certaine que le chanoine Tourigny et le docteur Fauteux viendront ensemble? Je les croyais fâchés.

— Il faut croire qu'ils se sont défâchés, car ils ont pris le train de Batiscan ensemble pour se rendre à La

Pérade et de là monter ici. Ils devraient même être arrivés, mais le dégel a recommencé, les chemins défoncent et sans doute viennent-ils plus lentement qu'ils n'avaient prévu.

Le malade ferma les yeux et sembla dormir. La ménagère, à qui l'on avait adjoint une jeune servante et qui ne pouvait guère s'y fier, descendit jeter un coup d'œil à ses chaudrons. Si elle était restée dans la chambre, elle aurait entendu prononcer, après le nom d'Estelle, celui de Marguerite. Elle ne s'en serait pas formalisée, trouvant naturel qu'au-dessus d'un homme malade, en péril de mort, fût-il ecclésiastique, cardinal, pape, des visages secourables apparaissent, des visages de femmes dont celui de la Vierge Marie, loin de cacher, précise les traits, même si elles n'ont pas toujours été des dames. Auraient-elles des noms diffamés, des noms de garces et de putains, cela n'y change rien pourvu qu'elles aient été de bonne composition, gentilles et complaisantes. Sur qui s'appuie la Vierge Mère quand elle se penche sur son Fils? C'est sur Marie-Madeleine. Sur qui s'appuya-t-elle pendant qu'Isola était dans la cuisine? Ce fut sur cette Marguerite qui avait le feu dans le regard, l'œil bridé, les cheveux aussi lourds que des crins de cheval, et que Philippe Cossette était allé chercher pour épouse en haut de la rivière des Envies, en dehors des filles de bonne famille. Elle s'était jouée du pauvre vicaire, et pourtant c'est elle qu'il appelait. Il ne se souvenait plus dans sa fièvre que de la douceur de son corps. Si le chanoine Élias Tourigny avait été arrivé à Saint-Thuribe, il aurait mis bon ordre à tout cela et la Vierge Mère se serait retrouvée seule, sans appui, au-dessus de l'abbé Armour Lupien.

Que s'était-il passé à Batiscan? Il s'était passé ceci: Philippe Cossette avait beau être amoureux comme un

coq de sa jeune femme, il ne semblait pas vouloir lui donner d'enfant; alors elle, Marguerite Cossette, avait pris
sur soi, avec la complicité du vieux docteur Fauteux, de
lui en donner un, de lui donner cet enfant qu'avec une
splendide impudeur elle avait fait baptiser du nom d'Armour, voulant sans doute en être quitte avec le jeune ecclésiastique dont elle avait apprécié les services et dédaigné
les sentiments. Celui-ci par contre, loin de se contenter de
sa bonne aventure, l'avait pris dans le mauvais sens, se
croyant coupable d'un énorme péché, indigne de sur-
vivre. Il avait subi la loi de Marguerite et cru lui imposer
la sienne. Ainsi avait-il offensé Estelle, sa mère obscure,
et des divinités plus profondes encore, plus impitoyables,
plus implacables que son pauvre Jésus. Il devint bizarre,
erratique, incohérent. Le chanoine Tourigny, qui jusque-
là avait aimé l'entendre, jugea bon de lui interdire l'accès
de la chaire. Il était à même de supposer par les racontars
de Florence, sa servante, qu'il avait été enjôlé par une
Sauvagesse, mais par charité chrétienne s'était gardé d'en
juger. Sur les entrefaites survint la naissance du fils de
Philippe et de Marguerite Cossette. Il s'attendait à la visite du père pour fixer la date du baptême. Celui-ci ne
vint pas, il alla ailleurs. Survint alors le scandaleux baptême
que, comme on l'a raconté, sur un certificat du docteur
Fauteux, l'évêché de Trois-Rivières avait permis de célébrer à la maison. Mgr Laflèche était en Europe et Mgr
Charles-Olivier Caron se trouvait dans sa famille, à Saint-
Léon. On supposa qu'une telle autorisation qui, à l'en-
contre de la coutume du diocèse et même du droit cano-
nique, bafouait l'autorité du chanoine Tourigny, émanait
de l'abbé Normand qui ne doutait pas d'être un jour évêque
parce qu'il avait de la prestance et qu'on le lui avait toujours dit. Sa vanité n'en demandait pas davantage. Il vint
lui-même célébrer le sacrement et comme le champagne

était ce jour-là plus abondant à Batiscan qu'à Trois-Rivières, il en prit trop et s'en retourna après la cérémonie, fort enjoué, sinon saoul, dans la calèche de Sa Grandeur, en bénissant tout ce qu'il rencontrait le long du chemin, même les vaches et les cochons. Le comble du scandale fut le prénom qu'il donna à l'enfant, celui de l'abbé Lupien, un prénom que, dans les circonstances, jamais le curé de Batiscan n'aurait permis et dont la nouvelle atterra le vicaire. Celui-ci ne descendit pas souper et se glissa au dehors à la nuit tombante.

— Allez chercher l'abbé Lupien, Florence, dit le chanoine Élias Tourigny.

Il avait fini de manger. Installé dans son fauteuil, il venait d'allumer le cigare qu'il avait l'habitude de fumer, chaque soir. Son indignation contre l'abbé Normand, les Cossette et le docteur Fauteux n'avait même pas paru. C'était une soirée comme les autres qui semblait commencer... Florence cependant ne semblait pas pressée de monter.

— Florence, m'as-tu bien entendu? J'ai des choses importantes à discuter avec mon vicaire.

La servante monta et revint en disant que l'abbé Lupien n'était pas dans sa chambre.

— Il sera sorti prendre l'air. Va à tes affaires. Je le verrai à son retour.

Le chanoine semblait prendre plaisir à son cigare. À cause de la longue habitude qu'elle avait de lui, Florence savait qu'au fond de lui-même il était loin d'éprouver le calme qu'il affichait. Elle alla vers la cuisine en se disant: «Au moins voilà un homme d'autorité!» Elle se sentit rassurée, même si le curé était loin de l'être, sachant que son vicaire était on ne pouvait deviner où, dans l'ombre de la nuit, en proie à la tentation de mettre fin à ses jours.

Isola ne remontait pas. Le jeune prêtre se plaignit mais si faiblement que sa plainte ne pouvait s'adresser qu'à lui-même et à Dieu. Il avait du mal à respirer. Il ne parvenait pas à se rassasier d'air et voulait-il en prendre davantage que les points l'en empêchaient.

— Marguerite, qu'as-tu fait de moi? Tu avais du feu dans le regard, je ne savais pas ce que tu voulais de moi. Tu m'as pris comme un chien et comme un chien tu m'as renvoyé. Si tu savais comme je me sens mal, au lieu de rester au-dessus de moi comme un astre, tu descendrais du ciel et mettrais la main sur mon front. Fais-le au plus vite, Marguerite, avant que le chanoine Tourigny n'arrive. Il m'a déjà sauvé de toi, il faudrait recommencer.

— Armour, je ne voulais de toi qu'un enfant. Tu me l'as fait vite, je ne pouvais plus te garder. J'ai un mari jaloux comme de ton côté tu avais un curé jaloux. Nous ne pouvions tout de même pas nous sauver dans les bois. D'ailleurs un autre Armour t'avait succédé et je l'aimais de tout mon cœur. Aurais-tu voulu que je te sacrifie cet enfant?

— Non, Marguerite, il faut l'aimer; il faut recoudre en lui la succession des jours qui chez moi s'est rompue. Je n'étais qu'un chien errant qui traînait un bout de corde qu'une femme obscure avait commencé de tresser.

— Ne dis pas de mal de cette pauvre jeune femme parce que c'est par ce bout de corde que j'ai pu te saisir, chien errant, homme sauvage.

Et la main de Marguerite s'était posée sur son front. Du peu d'air qu'il pouvait inspirer, il s'était trouvé rassasié et dormait quand Isola remonta de la cuisine.

— Dieu d'amour, pria-t-elle, faites qu'il guérisse.

Le chanoine Tourigny et le docteur Fauteux, conduits par un charretier dont ils avaient loué le berlot à

Sainte-Anne-de-la-Pérade, montaient au pas de labour vers Saint-Thuribe. Une manière de gros cheval de chantier, habitué à la dureté de l'homme, était encore la bête qui convenait le mieux au chemin impraticable.

— De quel secours peut-on être pour un homme qu'on a déjà sauvé de la mort?

— Tout dépend de l'homme, chanoine. Il y a des sans-cœur qui prendraient plaisir à être sauvés trois fois par semaine.

— C'est un homme de cœur.

Le docteur Fauteux ne répliqua pas.

— Vous ne trouvez rien à répondre, docteur Fauteux?

— Un homme de cœur! Un homme de cœur! Qu'en savez-vous? Il y a tellement de vantards qui se font une réputation d'hommes de cœur! Et puis, je vais vous dire ceci, chanoine Tourigny. Je ne suis pas un théologien et les généralités m'importent peu.

Le médecin ajouta, mécontent de lui-même:

— Il ne faut tout de même pas être trop naïf: qui peut prétendre avoir sauvé un homme de la mort? Vous me répondrez que c'est arrivé, mais rien ne me prouve qu'un autre n'en aurait pas fait autant.

CHAPITRE VII

À la longue, la pratique de la médecine, qui l'avait inquiété d'abord, rendu timide et souvent misérable, avait fait du docteur Fauteux un homme rusé qui ne cherchait pas à sortir de la lisière des branches pour mieux voir sans être vu, deviner les désirs, les intentions de qui le consultait sans révéler ses desseins. Il restait surtout secret, quitte à leur paraître ténébreux, avec les jeunes gens qui avaient sans doute des qualités, plus de précocité qu'il n'en avait eu lui-même, mais qu'il jugeait trop nombreux. Un homme a un quota de gens de même espèce, de même tribu, avec qui il entretient des relations faciles et naturelles, en toute réciprocité; il avait dépassé le sien et devait voir, chaque jour, des inconnus avec lesquels il ne tenait pas du tout à lier connaissance. Il avait appris à mentir et ne s'en privait pas, inventant pour ces nouveaux venus des maladies qu'il leur était facile de comprendre, qui les éclairaient sur eux-mêmes et les rassuraient car elles comportaient traitement et guérison. C'étaient des maladies fictives, des vues de l'esprit adaptées aux leurs. Il les leur vendait au cours du marché, n'acceptant que des honoraires raisonnables. Il se reprochait parfois de ne pas les majorer car ils auraient donné plus de prix à ses fictions qui, en plus de les soula-ger, les auraient flattés. Ces malades qui lui faisaient l'honneur de le consulter venaient plus nombreux depuis qu'il avait cessé de s'inquiéter, d'être timide et de se sentir misérable devant des misères qui tenaient au genre de vie, au mode de société, à l'école, à la famille, et qu'on ne lui demandait pas de changer. Ces maladies fictives résumaient tous les maux, même celui qui tient à la vie, qu'il lui arrivait d'appréhender sans chercher pour autant à l'exprimer en termes clairs, soit par paresse d'esprit, soit par refus des malades d'en entendre parler.

— Chanoine Tourigny, je ne suis pas un homme de vérité comme vous. La maladie obéit, le plus souvent, à des convenances mondaines. Elle a besoin d'être verbalisée pour qu'on puisse l'exposer de telle sorte qu'on en guérisse par logique. Dans mon art on ne procède pas autrement: on guérit comme on tombe malade, après déclaration préalable.

— Docteur, n'exagérez-vous pas la part des artifices? Par exemple, n'avez-vous pas dit, fondant votre calcul sur le diagnostic de votre confrère de Sainte-Anne, que nous n'avions pas à nous presser, étant donné que la crise ne survient que neuf jours après le début de la pneumonie?

— La pneumonie, on ne rit pas! dit le bonhomme Bessette, le plus fiable des charretiers de Sainte-Anne. Il commençait à se sentir le derrière malheureux, seul sur la planche qui lui servait de banc, en avant du berlot derrière lequel les deux notables, non contents de se prélasser, se parlaient comme deux Anglais dans un français à n'y rien comprendre. Il n'était pas sans connaître tous les respects qu'il leur devait, étant donné qu'il avait lui-même un évêque dans sa famille, Mgr Gérard Bessette, chargé d'un diocèse dans l'Ontario. Au moins ce célèbre cousin avait l'esprit de se taire, les mâchoires serrées comme s'il avait eu un crapaud dans la bouche; mais ces deux-là, le chanoine et le docteur, qui ne faisaient même pas à eux deux un évêque, n'arrêtaient pas de parler ou du moins de faire semblant de parler. À la longue, sans sa Mignonne, qui labourait le chemin entre Sainte-Anne et Saint-Thuribe, la neige souvent jusqu'au ventre, le bonhomme Bessette se serait trouvé terriblement seul.

Le docteur Fauteux, sans même tenir compte de l'intervention du charretier, répondit au chanoine Tourigny:

— C'est juste, nous détenons quelques petites certitudes, mais que sont-elles? Des exceptions qui confirment la règle. Par malheur, certains confrères basent leur pratique sur elles, tel celui de Sainte-Anne en qui j'ai toute confiance quand il tombe sur une maladie aussi bien caractérisée que la pneumonie franche lobaire aiguë. Mais c'est l'exception: la plupart des malades n'ont pas de maladies précises. Que fera-t-il alors, mon confrère de Sainte-Anne? Ou bien il les forcera à être malades dans les formes, comme un Thomas Diafoirus[63], ou bien il leur refusera le droit de l'être, surtout s'ils n'ont pas les moyens de le payer. Dans un cas comme dans l'autre, c'est-à-dire dans la plupart des cas, il divague.

— L'avenir lui donnera peut-être raison?

— En attendant, moins heureux qu'un ramancheur, il est en voie de devenir plus dangereux. L'avenir, parlons-en! Un jour viendra, chanoine, ou le principal avantage d'apprendre la médecine sera de se protéger contre les médecins.

Cela fit rire et le chanoine et le charretier qui, cette fois, avait compris.

— Vous êtes donc incrédule en tout, même en médecine!

— La survie de l'espèce est assurée: on finira bien par l'interdire, elle n'est bonne qu'à entretenir les plaies. Guérir des maladies, sauver la vie, la belle affaire! En a-t-on seulement le droit?

Le docteur Fauteux semblait fâché. Le bonhomme Bessette commençait à se plaire au voyage. Il avait toujours entendu parler du docteur Fauteux comme d'un vieux farceur qui éprouvait la foi des gens pour mieux obtenir leur confiance. Il pensa qu'il voulait faire étriver le chanoine Tourigny. Mais celui-ci n'était pas né de la dernière pluie.

— Pourquoi le faites-vous? répondit-il.

— Autrefois l'homme était rare, la pérennité de l'espèce incertaine. Je le fais par une vieille habitude et parce que je m'y plais.

«Des mots! Des mots!» pensa le charretier qui avait trouvé la réponse du chanoine décisive et concluante. Sous prétexte qu'il lui fallait vérifier le harnachement de sa bête, il descendit de voiture et quand il fut au collier, à l'abri des regards de ses illustres clients, il tira de son manteau un flasque de p'tit blanc: «À la tienne, Mignonne!» Puis il remonta dans la voiture, se disant que tout allait pour le mieux. Le docteur Fauteux avait profité de l'éloignement du cocher pour demander au chanoine quel était l'homme à qui il avait sauvé la vie.

— Votre vicaire, après un baptême célébré à votre insu, dans une maison, près d'un pont? Que voulez-vous! L'abbé Normand a de la prestance, du toupet, pas de tête du tout et la manie de se prendre déjà pour un évêque: il n'a pas été difficile de l'enfirouaper.

— Vous y avez été pour quelque chose, docteur.

— Plus que vous ne sauriez le croire… Voulez-vous parler de mon certificat, attestant que la santé de l'enfant ne lui permettait pas d'être baptisé à l'église?

— Oui, on me l'a montré à l'évêché.

— Une bagatelle, chanoine Tourigny. Auparavant saviez-vous que j'avais attiré l'attention de Marguerite Cossette sur l'abbé Armour Lupien?

— Vous avez fait ça!

— Marguerite ressentait le besoin d'avoir un fils.

— Je sais, elle m'a fait chanter une neuvaine de messes à sainte Marguerite.

— Moi, j'ai pensé tout bonnement que Philippe Cossette n'avait de la nature qu'en apparence et qu'il n'était pas capable de le lui donner, ce fils. Vous le saviez d'ailleurs: aussi longtemps qu'a vécu sa sainte mère, il a fait le bonheur de toutes les servantes de la maison sans autre inconvénient que le péché. Alors vous pensez bien, chanoine, que votre pauvre petite sainte Marguerite, vierge et martyre, n'a pas été de grande utilité. Remarquez qu'on m'en avait parlé et que je n'avais pas déconseillé la neuvaine.

— Devrais-je vous en remercier, docteur Fauteux?

— On n'en voit pas la nécessité, monsieur le chanoine.

— Ensuite, je suppose que vous avez pris l'affaire en main.

— Or, dites-moi, qui pouvait fréquenter chez Philippe Cossette, le plus souvent absent de la maison, sans qu'on trouvât à redire? Votre vicaire et moi.

— Vous dont l'aïeul se nommait Faustus…

— Votre vicaire, lui, se nommait Armour et cette consonance ne déplaisait pas. De plus, son âge convenait plus à madame Cossette que le mien.

— Pourtant, docteur, Faust sait rajeunir pour plaire à Marguerite.

Le médecin se mit à rire.

— Ah! dit-il, si j'avais pu! Mais comment pouvoir? Méphisto ne semble pas apprécier les charmes du diocèse de Trois-Rivières et de la paroisse de Batiscan. On a eu beau l'invoquer, il ne s'est pas montré. L'abbé Armour Lupien n'a pas eu de rival auprès de Marguerite. Je n'étais pas jaloux. Par sympathie pour eux, j'avais l'impression de participer à leurs embrassements. J'en étais tout ému, monsieur le chanoine. Pensez donc: je n'avais jamais été maquereau auparavant!

— Vous avez fait ça!

— Plus que ça: j'ai tenu à ce que Marguerite témoignât de sa gratitude envers votre vicaire en nommant son fils Armour.

Le curé de Batiscan, justement indigné, déclara au docteur Fauteux qu'il s'était mépris sur lui mais que dorénavant il le considérait comme un homme méchant et pervers. Le charretier Bessette, pour amortir une chicane qui le troublait, car il avait du respect et de l'admiration pour les deux hommes, se tourna vers eux et leur offrit du petit blanc.

— Cela vous fera du bien.

Les notables refusèrent. Avant de reboucher le flasque, il prit un bon coup. Et le docteur Fauteux lui dit:

— Charretier Bessette, quand tu verras des petites souris blanches, attrapes-en une couple pour monsieur le chanoine.

— Si ce sont des rats noirs, tu les donneras à monsieur le docteur.

— Au fait, dit le docteur Fauteux au chanoine Tourigny, rien ne vous empêche de proclamer du haut de la chaire, dimanche prochain, que je suis l'homme que vous dites, pervers et méchant, une sorte de grand rat noir. Je me demande même si, vous abstenant de le faire, vous ne pactiserez pas avec le mal.

Le curé de Batiscan ne répondit pas sur-le-champ. S'adressant au charretier, il lui annonça qu'il avait changé d'idée. Il prit une gorgée de petit blanc, passa le flasque au docteur qui fit de même et le remit au charretier qui leur dit:

— Merci pour votre politesse.

Le petit blanc aida peut-être le chanoine à se rappeler qu'il était un homme d'autorité, d'une autorité qu'il détenait certes de Dieu mais aussi de ses bons services à la paroisse.

— Vous dénoncer du haut de la chaire! Vous m'inquiétez, docteur Fauteux: me prendriez-vous pour un fou?

Il avait déjà moins d'humeur. S'il restait blessé, il n'était plus fâché.

— Nous avons en commun trop d'amitié dans Batiscan pour qu'un partage soit possible. Dieu n'a pas demandé de séparer l'ivraie du bon grain, sans doute parce qu'il y en a des deux côtés, du vôtre comme du mien. Mais revenons-en à l'humain, à ce mélange de lait et de fureur, de sang et de tendresse. Puisque vous avez aimé cette femme des Hauts, à la chevelure épaisse et noire, au feu dans le regard, à l'œil bridé, cela change bien des choses.

— Aimer n'est pas le mot.

— Qu'en savez-vous? L'âge n'est qu'un simulacre. Au plus profond de soi, il n'y a de vif et de vrai que son enfance et sa jeunesse.

— Disons que je lui voulais du bien.

— Pourquoi ne pas l'avoir dit? Compte tenu de vos croyances — et Dieu sait que vous n'en avez guère —, vous avez fait ce qui vous semblait le mieux.

Le médecin se rengorgea.

— J'ai réussi ce que je voulais.

— Vous aviez tout calculé, mais vous n'aviez pas compté la victime. Au soir du fameux baptême, l'abbé Lupien ne descendit pas souper. Après tout, il méritait bien de jeûner. Mais quand, plus tard dans la soirée, j'envoyai Florence le chercher, sa chambre était vide, il avait fui, il errait dans la nuit, cherchant à mettre fin à ses jours. Je l'ai aussitôt pensé, mais comment l'en empêcher? Que pouvais-je, par exemple, contre l'eau qui coule au bout du quai?

— Qu'avez-vous fait, chanoine?

— J'ai continué de fumer mon cigare, sans me presser, et je n'ai plus eu peur de l'eau, car j'avais pensé que l'abbé Lupien devrait être trop honteux pour se risquer à découvert et qu'en sortant du presbytère il avait dû aller se cacher dans la grange de la fabrique où justement un quêteux s'était pendu, quelques années auparavant.

— Je me souviens, dit le charretier, c'était un insatisfait du nom de Trudeau, qui venait d'encore plus loin que Laprairie, en gagnant les États-Unis. Un homme que j'ai connu. Peut-être qu'il aurait pu être un peu content s'il avait eu beaucoup d'argent; quêteux, il ne pouvait pas parce que ça demande du savoir-vivre et du talent et qu'il n'était bon qu'à faire peur. Il avait bien raison d'être insatisfait comme il a eu raison, je le penserais, de se pendre... Il y a trois grosses poutres de travers dans la grange. Un bout du câble de la grand-fourche est fixé à celle du milieu. Tu n'as qu'à le détacher de la grand-fourche, à monter avec lui sur la tasserie, à faire ton nœud coulant et à sauter, te voilà pendu!

— Monsieur Bessette, dit le chanoine Tourigny, je vous trouve bien connaissant. Il ne faudrait pas croire que l'abbé Lupien a tenté d'imiter le quêteux.

— Ah non? Alors tout le monde se trompe comme tout le monde doit se tromper quand il pense qu'il est le père du petit Mithridate, Armour Cossette. On le sait, on se tait, qu'est-ce que vous pouvez demander de plus, chanoine Tourigny? Vous n'êtes pas pour faire une grand-retraite de mensonge. L'important, voyez-vous, c'est que les enfants ne l'apprennent pas.

— Charretier, tu as raison et je me demande si tu n'aurais pas fait un meilleur chanoine que moi.

— Chanoine Tourigny, parce que vous êtes une exception parmi ces messieurs les ecclésiastiques, je vous répondrai qu'il est possible que vous ayez fait un aussi bon charretier que moi.

Le charretier fredonna un petit air entre ses dents. Il faisait enfin partie du voyage, même s'il se tenait seul en avant du gros berlot, sur une planche inconfortable. Le chanoine Tourigny avait dit au vicaire Lupien à propos du quêteux:

— Pendu… je suppose qu'on n'a plus rien à penser. C'est au curé désormais de se poser des questions. S'agit-il d'un cas de folie, d'une protestation contre une injustice du clergé? Car on ne se pend peut-être pas dans la grange d'une fabrique pour la même raison que dans la grange d'un habitant.

Le vicaire Lupien avait dit:

— Il faut penser au soleil noir dont les rayons glacés sont plus perçants que l'autre, rejoignant les profondeurs de l'âme, et font qu'il devient intolérable de vivre à la face de Dieu et des hommes.

Parlait-il de l'accablement des mélancolies? du désespoir des corps dévitalisés? Le chanoine n'avait pas osé le lui demander. Il avait déclaré qu'en somme il n'y avait rien à savoir d'un pauvre pendu tout bleu, la langue tuméfiée lui sortant entre les dents.

— Toutes les questions ne servent qu'à jongler. Au bout du compte, on le damne à la satisfaction de tous les coupables de la terre, on l'enterre à la sauvette dans le champ du Potier[64], pareil à Judas, comme s'il avait vendu le Christ.

— Faisons-nous bien, chanoine Tourigny? avait demandé l'abbé Armour Lupien, soudain très inquiet.

— Je n'en suis pas sûr. On s'en tient aux exigences du droit canon et l'on procède sans prière ni cérémonie, contre un pauvre misérable, durement, gris de la pitié que l'on ressent et qu'on n'ose pas manifester. On cherche un moyen, un moyen qu'on ne trouve pas car il n'existe peut-être pas, pour intercéder auprès de Notre-Dame, la Vierge Marie. Et le soleil noir dont tu as parlé, que d'abord je ne parvenais pas à m'imaginer, ce soleil-là brille de tous ses feux pour obscurcir notre queste, pour nous empêcher de joindre cette Mère secourable. Nous restons seuls, éclaboussés par cet affreux malheur.

Le vicaire s'était mis à rire nerveusement.

—Et dire qu'on prétend que vous n'êtes qu'un homme à chevaux, chanoine Tourigny!

De fait, peu de gens, de Trois-Rivières à Grondines, et dans les paroisses de l'intérieur, pouvaient se vanter d'avoir dépassé l'attelage du curé de Batiscan.

—Que lui aviez-vous répondu? demanda le docteur Fauteux.

—Je lui avais répondu qu'on disait sans doute la vérité, car c'est la vérité: je suis un homme à chevaux et ne m'en cache pas. Puisqu'il nous est commandé d'aimer, il faut commencer quelque part. Cela ne veut pas dire qu'on en doive rester à l'écurie.

Le chanoine hésita.

—Je ne me souviens plus très bien... J'avais dû ajouter que nous étions entre chrétiens, que, sans le saint sacrifice de Notre-Seigneur pour le salut du monde, je n'avais pu souffrir qu'on maltraitât des bêtes, et pas seulement elles, les hommes aussi, qu'on les égorgeât et qu'elles criassent la mort sur terre.

—Autrement dit, grâce au Christ, tous ces cris d'agonie ne vous offensent plus.

—Vous ne pouvez pas comprendre, docteur Fauteux: Dieu a transcendé la mort pour en faire un renouveau de vie.

Le médecin admit qu'entre lui et le chanoine il y avait un malentendu fondamental.

—C'est quand même dommage parce qu'autrement nous nous serions bien adonnés! Ainsi j'ai pris la part de Marguerite, ainsi vous avez pris celle de... Au juste que s'est-il passé quand vous avez deviné que ce pauvre homme était dans la grange de la fabrique?

—Vous savez, docteur, l'abbé Lupien est assez maladroit dans les choses pratiques et n'a aucune imagination. J'ai fini mon cigare. Puisqu'il allait imiter le quêteux, il s'agissait de me munir d'un bon couteau et de m'amener dans la grange ni trop tôt ni trop tard. Mais comme il en advient toujours dans de telles circonstances, on arrive avant le bon moment. Je le fis discrètement et je n'eus qu'à attendre qu'il fît le saut pour couper aussitôt la corde: il se retrouva assis sur le pontage entre les deux tasseries, le nœud coulant encore au cou, abasourdi. Je m'étais précipité sur lui pour relâcher le nœud et je tenais dans ma main droite un grand couteau à poignée rouge. Il fut encore plus ahuri quand il m'entendit dire: «Monsieur le vicaire, je vais vous tuer. Regardez-moi ce grand couteau. — Je n'en aime pas beaucoup la poignée, fit-il. — Vous en préférerez la lame. D'ailleurs ne vous en faites pas: je prends sur moi la faute. Ainsi pourrez-vous mourir comme vous le voulez et sans être damné.»

—Que fit-il? demanda le médecin.

—Ce n'est pas un imbécile, il avait compris: il me sourit comme un enfant. «Venez, lui dis-je, en le prenant par le bras, vous êtes nommé curé de Saint-Thuribe. J'irai vous reconduire dès demain.» Florence avait deviné que je n'étais pas sorti pour rien: le souper dont l'abbé Armour Lupien s'était privé l'attendait sur la table. Il mangea de bon appétit et nous montâmes nous coucher à la même heure que d'habitude. Le lendemain, je me rendais à Trois-Rivières où, comme par hasard, Mgr Charles-Olivier Caron était rentré la veille pour voir passer l'abbé Normand dans la calèche de Sa Grandeur, dégrisé mais toujours bénissant. Je n'eus pas de mal à me faire comprendre; la famille Normand se cotisa pour envoyer son abbé se refaire une fraise épiscopale en Europe et le curé de Saint-Thuribe fut rappelé à l'évêché; de sorte que, de retour à Batiscan, je pus aller reconduire l'abbé Armour Lupien dans sa nouvelle cure dont l'ancien titulaire n'était pas encore parti, empêtré dans ses meubles, encombré par sa ménagère, une brave personne du nom d'Isola, qui tenait à le suivre au palais épiscopal. Je crois que j'arrangeai assez bien les choses, commençant par convaincre cet ancien titulaire, brave homme mais personnage plutôt rustique, de n'emporter qu'une petite valise «car sur la voie des honneurs, lui disais-je, il faut marcher allège». Il ne tenait pas du tout aux honneurs, je lui parlai de devoirs. Il finit par me suivre avec deux valises, laissant les meubles et la ménagère à son successeur, l'abbé Armour Lupien.

La grosse carriole tirée par Mignonne, une robuste jument qui avait connu bien d'autres misères, continuait de labourer le chemin vers Saint-Thuribe. Le cocher, se tournant vers les deux voyageurs, leur annonça qu'ils pouvaient dorénavant s'impatienter car dans une petite heure ils seraient rendus à leur lieu de destination, dans la cour du presbytère.

— Votre bête ne s'est pas trop magané les pattes? demanda le chanoine Tourigny?

— Elle est bin trop fine pour ça, répondit le charretier. Pensez-y un peu, monsieur le curé: elle a connu le règne du grand Wilbrod, ce maudit jobbeur qui gaspillait son monde, les hommes et les chevaux, dans les hauts de la rivière Sainte-Anne, et qui est mort comme il l'a mérité.

— Il s'est noyé. Un accident…

Le docteur Fauteux connaissait mieux l'affaire.

— Pure supposition, dit-il, mais le bois était si dru qu'on n'aurait même pas pu porter une accusation contre une pruche ou une épinette. Et puis les cailloux de la rivière Sainte-Anne sont si coupants dans les hauts qu'on ne s'est pas trop formalisé du fait que le noyé semblait avoir la tête fendue d'un coup de hache.

Le cocher jugea qu'on avait assez parlé de cette affaire qui d'ailleurs laissait le chanoine Tourigny indifférent, étant donné qu'elle était survenue à l'étranger, en dehors des limites de sa paroisse. Il crut bon toutefois de rappeler au docteur Fauteux qu'il n'y a jamais d'accidents et qu'on parle d'eux seulement pour escamoter la justice de Dieu.

— Pour en revenir à monsieur l'abbé Armour Lupien, chanoine Tourigny, vous l'avez rudement bien aidé, je m'en étais rendu compte un peu et je n'en avais pas été fâché: je me sentais un peu morveux à cause de lui parce qu'il avait été notre victime… Son fils est un bel enfant qui deviendra, j'en suis sûr, un bel homme d'autorité, le deuxième d'une dynastie consacrée du haut de votre chaire, celle des Mithridate, si vous vous en souvenez.

— Si je m'en souviens! C'est même à cause de moi que l'abbé Lupien s'est approché de cette personne qui… Enfin, pensant l'envoyer présenter des excuses, je le poussais vers une occasion de pécher. J'ai manqué de discernement. On ne saurait tout régler dans une paroisse, même quand on est curé inamovible. La fatalité en profite pour nous jouer de mauvais tours… J'ai un peu l'impression, docteur Fauteux, de retourner dans la grange de la fabrique en me rendant avec vous à Saint-Thuribe.

— La différence est que vous y retournez avec moi et qu'on n'y verra plus la corde de la grand-fourche.

Pourtant sa maladie l'étouffe et je n'ai pas de remède aussi efficace que le grand couteau à poignée rouge que vous teniez dans votre main droite, la première fois.

— En vérité, je me le demande comme vous: a-t-on le droit d'empêcher les gens de mourir contre leur volonté?

— Mais oui! chanoine, mais oui! car leur volonté alors n'est qu'une velléité fugace. Ce n'est d'ailleurs pas le cas: je suis certain aujourd'hui que le jeune ecclésiastique, sur le point de devenir professeur de lettres, qui en fera un excellent et le sait, n'a plus du tout le goût de mourir. S'il veut vivre, il vivra comme s'il avait vraiment voulu mourir, il ne vous aurait pas laissé la chance de le sauver.

On entrait dans le petit village de Saint-Thuribe. Le docteur Fauteux ajouta:

— Votre présence lui fera sans doute plaisir, plus que la mienne.

Le chanoine Tourigny se tourna vers le médecin d'un air fâché et lui rappela qu'il n'était pas venu voir l'abbé Armour Lupien pour lui faire plaisir mais pour le soigner.

— Ne vous appelez-vous pas Faustus? Votre aïeul ne portait-il pas l'uniforme du prince Frederick?

— Et il était fou, comme vous le savez sans doute. D'ailleurs, que je m'appelle Faustus ou Fauteux, qu'est-ce que cela peut faire, qu'est-ce que cela veut dire?

— Cela veut dire que j'emploierais le Diable sans hésitation s'il me promettait de rendre le curé Armour Lupien à la santé.

Le docteur Fauteux demanda à son compagnon s'il connaissait l'histoire de Faust et de Marguerite[65], fort célèbre à cause d'un opéra. Le chanoine en avait vaguement entendu parler.

— Tout d'abord, apprenez que c'est le vieux docteur Faust qui, moyennant son âme, recouvre la jeunesse
et séduit Marguerite, et qu'ensuite celle-ci, loin de s'en
trouver mieux, ne survit pas à son déshonneur. Si vous
voulez établir des comparaisons, convenez que je n'ai pas
rajeuni tandis que dans sa grande maison, près du pont
péager de la rivière Batiscan, Marguerite Cossette est
plus belle et plus heureuse que jamais.

— Il se peut que les histoires des vieux pays nous
parviennent tout embrouillées et ne soient bonnes qu'à
nous mêler les idées, admit le chanoine.

— Dans l'originale, vous avez un diable qui se
nomme Méphisto. Il manque à la copie de Batiscan. Par
contre, nous y avons un abbé Armour Lupien qui ne se
trouve pas dans l'originale. Mon grand-père se nommait
peut-être Faustus, vous me le rappelez comme si j'y étais
pour quelque chose. De plus, mon cher chanoine, j'ai
comme l'impression que vous le confondez avec Méphisto. Et puis, comment expliquez-vous l'intrusion des
Mithridate dans l'histoire de Faust et de Marguerite? Elle
est tout simplement saugrenue. Parce que les Mithridate
étaient rois de Pont et que Philippe Cossette, le mari de
Marguerite, est le propriétaire de notre pont à péage?
Quel embrouillamini! Et où me le servez-vous? À Saint-
Thuribe dont le curé a la pneumonie, comme si ça ne suffisait pas! Si vous m'avez amené pour le soigner, dispensez-
moi de vos sottises.

Le chanoine Élias Tourigny remercia le docteur
François Fauteux:

— Votre sens commun me redonne confiance.

— Vous savez bien que je ferai de mon mieux.

L'abbé Armour Lupien mourut le 25 avril 1873. Il
aurait eu trente-six ans en juillet. Au matin de sa mort, le
neuvième jour de sa maladie, celui de la crise où les forces

contraires s'affrontent ouvertement, qui aurait pu tout aussi bien être celui de sa guérison, le chanoine et le médecin, après déjeuner, se tenaient à la fenêtre de la cuisine, cherchant dans la cour du presbytère un signe de bon augure. Il y avait un assemblement de pinsons et de gros-becs, tous oiseaux de passage qui, sans trop se presser, se rendaient au rendez-vous du printemps dans le Nord. Sur une branche de saule, un hivernant, le geai bleu, criait contre ces intrus. Derrière la grange de la fabrique, sur le tas de fumier, les corneilles avaient bien des choses à se dire si l'on en jugeait par le bruit de leur parlement.

— Les corneilles se tiennent au loin, dit le chanoine Tourigny.

— Vous trouvez?

— Enfin, docteur, on ne les aperçoit pas. Je n'aimerais pas les voir dans la cour.

— Mon pauvre chanoine, vous êtes plus superstitieux qu'un payen.

À ce moment, trois mainates, l'œil étincelant, trois mâles à la fois beaux et terribles, descendirent dans la cour et se mirent à marcher d'un pas saccadé et militaire vers les oiseaux gentils, les pinsons et les gros-becs, qui l'un après l'autre s'envolèrent.

— Je crois qu'il faut monter, dit le docteur Fauteux.

Ils n'entendirent que les sanglots d'Isola.

Derrière le portrait mortuaire de l'abbé Armour Lupien, on n'inscrivit qu'une phrase et elle était de lui: «C'est le Fils qui a engendré le Père et, sans Jésus mourant sur le Calvaire, il n'y aurait pas de Dieu.» Elle passa inaperçue. Seul le docteur Fauteux la remarqua.

— De qui est-elle? demanda-t-il au chanoine Tourigny qui se rappela ses regrets lorsque le jeune abbé prêchait et qu'il voyait vide, comme toujours, la place de banc du médecin dans la grande allée.

— C'était un des thèmes préférés de l'abbé Lupien. À mon sens, il est un peu paradoxal, peut-être même hérétique, et c'est la raison pour laquelle la phrase n'est pas signée. Chaque fois qu'il prêchait sur ce thème, je jetais un coup d'œil vers votre banc et j'étais désolé.

— C'est à mon tour de l'être. Il avait de l'âme, un tour d'idée original, des aperçus personnels... J'aurais sans doute pu l'aider mieux que je ne l'ai fait. Marguerite l'a connu sous un tout autre jour et c'est par Marguerite que je l'ai connu. J'ai été Méphisto et lui, un avatar du docteur Faust rajeuni. Chanoine Tourigny, je crois que je ne me le pardonnerai pas.

Quelques semaines plus tard, on découvrit le vieux médecin pendu dans la grange de la fabrique. On trouva un feuillet sur lequel il avait écrit ces mots: «Enfin un notable, un homme conscient de ses actes, ira rejoindre les fous et les pauvres misérables dans le champ du Potier.»

CHAPITRE VIII

Le matin des funérailles du docteur François Fauteux, le temps était incertain, il n'y avait pas eu de rosée, il risquait de pleuvoir durant la cérémonie. Alors, pour la première fois de sa vie, le chanoine Élias Tourigny se fâcha contre Dieu et lui dit:

—Écoutez, Vous, si Vous m'envoyez une seule goutte de pluie, ce n'est pas dans la grange de la fabrique, c'est dans l'église de Batiscan que je me pendrai et je laisserai pour testament une ordonnance défendant à tous les Batiscanais de Vous honorer et les enjoignant de ne plus jamais remettre les pieds dans votre église.

À l'embouchure de la rivière, on distinguait à peine les trois mâts du *Saint-Élias* tant les nuées, descendues des nuages, étaient basses et prêtes à fondre en pluie. Le grand voilier venait à peine d'arriver d'une longue et difficile navigation; il avait atteint l'Afrique dont un des pays se nomme Sénégal, qui avait alors pour capitale Saint-Louis[66] dont les habitants d'eux-mêmes se nomment Canadiens. D'où de longs palabres à la suite desquels une grande idole assise, de sexe féminin, aux oreilles trop longues, à la face plate et à la bouche ouverte, montrant de longues dents, avait été offerte à ces autres Canadiens, venus d'au-delà des mers. Aucun de ceux-ci n'était partisan de l'idole, la jugeant tout au plus bonne à faire peur aux enfants.

— Que voulez-vous que je fasse de ça? avait dit le premier Mithridate, Philippe Cossette.

— Vous en ferez ce que vous voudrez, monsieur Cossette. Tout ce que nous pouvons vous dire, c'est que cette idole nous a été offerte par des gens avec lesquels nous ne tenions pas du tout à être impolis.

Marguerite Cossette eut l'idée de l'installer dans son jardin, en arrière de la maison. Mais sur les entrefaites, le docteur Fauteux s'étant donné la mort, le chanoine Tourigny réclama l'idole. Philippe Cossette s'était trouvé heureux de la lui donner.

— Vous comptez la brûler, n'est-ce pas, monsieur le chanoine?

— Non, vous me la monterez au cimetière. Elle se dressera dans le champ du Potier, sur la tombe de notre pauvre ami, le docteur Fauteux.

À défaut des funérailles régulières qu'il lui avait promises, le chanoine Tourigny avait préparé une cérémonie singulière d'hommage et de pitié. Puisqu'il ne pouvait compter sur l'église, il avait annoncé que l'église resterait fermée ce jour-là. Comme le droit canon lui interdisait de sonner le glas pour annoncer les funérailles, il ordonna qu'il sonnerait toute la nuit. Et toute la nuit, le glas sonna à Batiscan. Dès la barre du jour, le chanoine le fit taire et ordonna à son bedeau-sacristain de monter le grand catafalque sur le parvis de l'église, entouré de six grands chandeliers d'or.

— Mon révérend, s'il allait pleuvoir…

— Hector-Marie, dispense-moi de tes suppositions, et fais ce que je te dis. Ensuite tu diras aux vieilles dévotes et aux rentiers que, si je n'ai pas le droit de chanter la messe pour le repos de l'âme du docteur Francois Fauteux, je ne la dirai pas pour eux.

C'est à ce moment que le chanoine Tourigny qui, de sa propre initiative, en faisait plus qu'il ne lui en était demandé et qui le faisait avec une froide résolution, avertit le bon Dieu de retenir sa pluie.

— Ces nuées-là ne me disent rien de bon, qui traînent sur la terre sans rosée, en dessous d'épais nuages. Je ne Vous demande pas le soleil. Dans les circonstances, un jour sombre fera mieux l'affaire, à la condition que Vous ne m'envoyiez pas d'ondée ni d'averse qui viendrait ruiner toute ma cérémonie.

Or Dieu se le tint pour dit; Il dispersa sa pluie sur les villages environnants; elle ne se mit à tomber à Batiscan qu'après le midi sans angélus, alors que les participants étaient déjà retournés chez eux. Voici comment les choses se passèrent. Dès huit heures, les gens avaient commencé à arriver, venant de tous les rangs de la paroisse, du village et même de l'étranger, de Sainte-Geneviève, de Champlain, de La Pérade et même de Saint-Thuribe, car le docteur Fauteux, médisant, incrédule, parlant en mal de la médecine, avait soigné quand même de son mieux; ça, tout le monde le savait et l'on avait jugé, nonobstant sa mort tragique, qu'il s'était mérité la reconnaissance publique. Malgré les apparences de mauvais temps, on venait d'autant plus nombreux qu'on était curieux de voir comment le chanoine Élias Tourigny rendrait hommage à son vieil ami. On le vit et l'on fut transporté d'admiration. Le grand catafalque était déjà monté sur le perron de l'église lorsque se présentèrent les premiers arrivants. Certains voulurent entrer. Il leur fut dit qu'ils pouvaient toujours essayer:

— Le glas a sonné toute la nuit, maintenant les cloches se sont tues; elles ne sonneront même pas l'angélus et il n'y aura pas de messe, étant donné qu'on ne peut pas chanter la messe des morts pour monsieur le docteur François Fauteux.

Il se trouva des incrédules pour sonder les portes qui ne bronchèrent même pas; ils se rendirent compte qu'elles avaient été verrouillées.

— Et s'il pleuvait?

— Mon maître et curé, monsieur le chanoine Élias Tourigny, répondait Hector-Marie, le bedeau-sacristain, vous fait dire que personne ne vous retient ici et que vous pouvez vous en retourner à la maison.

Hector-Marie avait revêtu son uniforme; il parlait naturellement d'un air fâché, fixant son interlocuteur du regard comme s'il le tenait coupable de tous les péchés de la terre. Bientôt, à mesure que la foule augmentait, il ne se trouva plus personne pour venir sonder les portes ou parler de pluie. Le chœur de chant, qui était nombreux et réputé un des meilleurs du diocèse, avait pris place des deux côtés du catafalque, pendant que sur les marches du perron se tenaient deux rangées d'enfants de chœur. Bientôt, en évidence devant le catafalque, parut le chanoine en chasuble. Sur le moment, la beauté de ses vêtements sacerdotaux empêcha d'apercevoir un détail auquel personne d'ailleurs ne se serait attendu: il portait une corde autour du cou, la corde même dont le docteur François Fauteux s'était servi pour se pendre. Alors se propagea une rumeur parmi la foule, qui peu à peu devint une vaste plainte et c'est là-dessus qu'une voix solo, une voix de femme, entonna le *Dies Iræ*. À cette voix, une autre répondit, puis une troisième, enfin tout le chœur chanta le terrible cantique.

Soudain, le chanoine Élias Tourigny s'agenouilla. Il venait d'apercevoir la grand-croix des processions, que tenait son nouveau vicaire et devant laquelle la foule s'écartait. Le cercueil suivait la croix, porté par six confrères du défunt. Ensuite venant seul, bravement, un tout jeune garçon qu'on nommait par sobriquet Mithridate II;

c'était Armour Cossette, le filleul du docteur Fauteux,
qu'un peu en retrait accompagnaient ses parents, Philippe
et Marguerite, l'un puissant et redouté, l'autre plus belle
que jamais, le feu dans le regard, l'œil bridé, la chevelure
lourde et noire. Après eux venaient de nombreux ecclésiastiques, curés et vicaires de l'est du Saint-Maurice, de
Sainte-Flore, de Grand-Mère, du Cap jusqu'à Saint-
Prosper et Grondines. En prenant place dans le cortège,
ils indiquaient qu'ils participaient à la cérémonie à titre
de notables d'une province de leur pays et non comme les
représentants du pouvoir religieux qui se trouvait reporté
sur les épaules d'un seul homme, celui-là même qui se tenait agenouillé et le resta jusqu'au moment où les six médecins arrivèrent à sa hauteur; alors il se releva pour leur
laisser glisser le cercueil en dessous du catafalque. Les
chantres s'étaient tus, les médecins se retirèrent et les enfants de chœur apportèrent l'eau bénite et l'encens; le
chanoine procéda comme d'habitude à l'absoute, puis il
remit aux enfants de chœur leurs ustensiles et marcha
vers la grand-porte de l'église qu'il sonda — elle était
close —, à laquelle il frappa faiblement d'abord de la
jointure de l'index droit, puis à grands coups, de ses deux
poings. En même temps, une voix de baryton chantait de
façon sardonique: «Frappez et l'on vous ouvrira.» On entendit alors nettement dans la foule ces mots de Jos Magloire[67], un grand rousseau dont il était dit que le docteur
Fauteux avait sauvé par deux fois la femme et qui le
croyait, en tout cas. «Calvaire! on va la défoncer, cette
maudite porte!» Quelques hommes, les plus forts de la
paroisse, parmi lesquels se trouvait Philippe Cossette,
firent un pas en avant. Le chanoine Élias Tourigny cessa
de frapper dans la porte et envoya Hector-Marie, son
bedeau-sacristain, auprès de Jos Magloire et de Philippe
Cossette pour leur demander de rester tranquilles. Tous

les ecclésiastiques présents comprirent alors à quel danger on s'expose quand on improvise une cérémonie. La voix solo, la voix de femme qu'on avait déjà entendue, s'éleva d'une façon aiguë, si haute, si forte et si faible à la fois que tout le monde pouvait l'entendre, en même temps que chacun dans son cœur craignait qu'elle ne se brisât.

— Seigneur! Seigneur! disait la voix, si j'ai frappé et que Tu ne m'as pas répondu, c'est que ta maison est vide et que Tu Te trouves parmi nous.

Le curé de Sainte-Flore se tourna vers son confrère de Saint-Tite et tous les deux se regardèrent avec admiration. L'un et l'autre avaient déjà été vicaires du chanoine Tourigny. Toute leur admiration était pour celui-ci, ce maître capable d'innover et qui néanmoins avait tout calculé. Le chanoine était revenu s'agenouiller devant le catafalque. La voix continua. On se disait dans la foule: «C'est madame Saint-Louis, de Machiche, celle dont la gorge se gonfle comme celle d'une colombe, lorsqu'elle s'émotionne en chantant…»

— Seigneur! Seigneur! Tu es là parmi nous mais pourquoi as-Tu abandonné celui que nous aimions, qui nous aidait à naître, à vivre et à mourir, dont la main gauche est restée vide de tout l'or qu'a distribué sa droite? Seigneur, pourquoi l'as-Tu privé de nous, pourquoi l'as-Tu laissé seul, crucifié à lui-même sous les intolérables rayons du soleil noir? Pourquoi l'as-Tu laissé se donner la mort lorsque à tant d'autres il avait donné la vie?

C'était en résumé ce que disait la voix haute et nette, à peine modulée. C'était à proprement parler une lamentation. Tout le monde, voyant le chanoine Tourigny à genoux, la corde au cou, savait que cette lamentation, c'était d'abord la sienne. Quand elle fut finie, il s'inclina profondément devant le catafalque; il est possible même qu'il ait baisé la terre comme cela se faisait en Orient, au temps de Dieu et de ses prophètes. Puis il se leva et se tourna vers l'assistance, devenue si nombreuse qu'il eut peur car il n'avait guère de voix et aurait voulu que tous l'entendissent. Il ne se rendit pas compte que les nuages bas et un faible vent soufflant vers le fleuve le favorisaient. Il parla lentement, détachant tous ses mots. Il fut entendu de tous, même d'un groupe qui se trouvait sur le quai.

— J'étais déjà sans voix, dit-il, sans l'éloquence des apôtres, plus homme à chevaux qu'homme de Dieu, et beaucoup sont ici qui le savent car ils l'ont dit.

— Je l'ai dit, oui, calvaire! s'écria Jos Magloire, mais écoutez-moi bien, vous autres: j'avais menti.

— Le Seigneur te saura gré, Jos Magloire, de m'avoir encouragé.

— C'est la vérité!

— La vérité, c'est que j'ai autour du cou une affreuse corde qui m'étrangle.

Jos Magloire, avec sa simplicité d'Irlandais, voulut encore intervenir et s'aperçut qu'il était entouré des meilleurs hommes de Philippe Cossette. «Voyons, Jos, lui dit-on, tu n'es pas pour empêcher un saint homme de parler.» Il en convint et demanda d'être excusé: «Le docteur Fauteux, c'était mon Dieu! — On le sait, Jos, mais regarde un peu derrière toi: il y a du monde jusque sur le quai. Tu ne te rends pas compte que c'est une cérémonie comme il n'y en a jamais eu à Batiscan?»

— Ah Seigneur! continua le chanoine Élias Tourigny, ah Vous! qui êtes sorti de l'église pour circuler parmi nous comme un principe d'unité et d'entente, faites que je puisse parler au peuple de ma paroisse et à tous les paroissiens venus de l'étranger, dont la présence honore la mémoire de mon pauvre ami, le docteur François Fauteux,

dont le corps est sous ce catafalque et que je devrai aller
ensevelir dans le champ du Potier sans passer par l'église.
D'ailleurs eût-il été le meilleur catholique, fût-il mort
noyé dans un lac d'eau bénite, il n'aurait pas été plus
chanceux et serait passé directement de son lieu de domi-
cile à sa place de cimetière, car aujourd'hui l'église restera
vide, sans angélus, sans messe, sans présence divine. De
par mon autorité de curé inamovible de Batiscan, j'ai décidé que Dieu prendrait l'air, même si la journée laisse à dé-
sirer avec son temps couvert, ses nuées qui s'effilochent
dans les vergues de notre trois-mâts et de nos goélettes, à
l'ancre dans l'embouchure de la rivière. J'ai pris cette décision pour qu'Il rende avec nous les derniers hommages à
un médecin qui peut-être a pu passer pour un mécréant,
que je n'ai pas aperçu souvent dans son banc de la grande
allée, qui s'est opposé à l'autocratie de Sa Grandeur Mgr
Laflèche, mais qui était peut-être plus chrétien qu'on ne
saurait le croire. Lorsque le Christ, qui n'avait guère le
sens de la hiérarchie, qui ne choisissait pas ses amis, les
prenant comme ils venaient, qui vraisemblablement serait
allé loger à l'hôtel plutôt qu'au presbytère s'il était jamais
passé par Batiscan, lorsqu'il a pris sur lui tous les péchés
des hommes, il ne choisissait pas le meilleur moyen
d'avoir une bonne réputation et ce n'est pas pour rien qu'il
est mort crucifié entre deux gibiers de potence. S'il n'avait
pas été chrétien, le docteur Fauteux serait passé par l'église
pour aller retrouver sa pieuse épouse en terre consacrée. Il
y a là devant moi six porteurs, six de ses confrères à
même d'apprécier son mérite, les longs services rendus à
la population et pas un, pas un seul, vous dis-je, m'aurait
refusé d'inscrire sur le certificat de décès: mort par stran-
gulation lors d'un moment d'aberration mentale. Ils pouvaient le supposer. Pourquoi ne pas accorder le bénéfice
du doute à un malheureux confrère? Ils ne l'ont pas fait

parce que le docteur Fauteux, sous un soleil noir qui l'avait dévitalisé, s'est tenu coupable de tout ce dont il n'était peut-être pas responsable. Il a laissé le mot que voici: «Enfin un notable, moi, Jean-François Fauteux, docteur en médecine, ayant toutes mes facultés et conscient des conséquences de mon acte, je mets fin à mes jours et tiens à aller rejoindre les fous et les pauvres misérables dans le champ du Potier.» Je ne veux pas porter de jugement, je n'en ai pas le droit, je n'en ai pas le cœur. Tout ce que j'avais à faire, je l'ai fait: j'exécute la volonté de mon vieil ami, le docteur Fauteux, et nous allons maintenant le conduire au lieu de l'infamie. Pourtant je ne le considère pas infâme. Parce qu'il a pensé aux fous et aux pauvres misérables dont il sera désormais le compagnon, parce qu'il a tenu à s'enfermer avec eux sous terre, mes frères, mes enfants, écoutez bien ce que je vous dis: est-ce un si grand crime que le sien, puisque désormais il y aura moins d'infamie à Batiscan qu'il y en avait auparavant?

Ainsi parla le chanoine Élias Tourigny. Malgré la grande assistance, chacun avait saisi ses paroles et presque tout le monde pleurait, sans cris mais aussi sans honte, avec dignité, parce qu'on venait d'assister à quelque chose de beau. Les porteurs remontèrent prendre le cercueil. Cette fois, ce fut le chanoine lui-même qui les précéda, portant la grande croix des processions. L'église était entourée sur trois côtés par le cimetière. Le champ du Potier se trouvait en arrière, dissimulé par un calvaire monumental qui donnait à croire que la paroisse de Batiscan n'était pas la plus pauvre du diocèse. Le cortège fit un détour vers la droite et l'on ne tarda pas à comprendre pourquoi: le chanoine s'agenouilla dans l'allée, tout en continuant de garder brandie la croix des processions. Les six médecins firent de même, après avoir déposé le cercueil par terre. Sur une pierre tombale, dont le haut représentait la Madone, étaient gravés ces mots: «Cy-gît Marie-Josephte Trudel, épouse du docteur François Fauteux.» Personne n'osa prendre la parole. Cette pause signifiait que les deux époux, souvent séparés durant la vie, le resteraient après la mort. Dans le souvenir de ceux qui l'avaient connue, reparut la jeune femme discrète et douce qui, chaque dimanche, occupait seule le banc de famille, dans la grande allée. Quand son mari était pris ailleurs, elle recevait les malades avec la plus grande politesse. C'était assurément la jeune dame la mieux éduquée et la plus simple de Batiscan. Elle avait déjà près de cinquante ans qu'on disait toujours «la jeune dame» du docteur Fauteux. Elle mourut subitement et le médecin, d'une dizaine d'années son aîné, ne s'en était jamais consolé. L'idée même de se remarier lui semblait intolérable.

Quand le chanoine Élias Tourigny se releva pour continuer vers le champ du Potier, imité par les porteurs qui s'apprêtaient à le suivre, une femme cria à fendre l'âme: c'était Marguerite Cossette que son mari ne parvint pas à contenir. Il fallut se mettre à quatre pour la ramener à la maison et encore se débattait-elle, cherchant à griffer et à mordre, telle une tigresse. Son fils Armour continua de suivre bravement le cercueil de son parrain. Seulement, quand on eut contourné le calvaire et qu'on arriva dans le champ du Potier où une fosse attendait le cercueil, il aperçut la grande idole peule, assise, la taille disproportionnée aux membres inférieurs, les seins globuleux, aux tétins plus gros qu'un pis de vache, les oreilles trop longues, la face plate à la bouche béante, armée de dents terrifiantes, et il comprit que le champ du Potier attenait à l'enfer, au royaume de l'horreur. Il ne pouvait rien dire, il était trop petit. Il assista sans broncher au reste de la cérémonie. Il vit descendre le cercueil dans la fosse, entendit le bruit de la terre qu'on jetait sur lui.

Quand la fosse fut remplie, les fossoyeurs en foulèrent la terre de leurs bottes, puis ils déplacèrent l'idole mons-trueuse, sans doute sculptée dans un bois mou et léger, et la mirent au-dessus de celui qui avait été son parrain, une sorte de grand-père bien-aimé. Tout était fini. Déjà le chanoine Tourigny et les médecins s'éloignaient. Seul Armour Cossette, dit Mithridate II, ne bougea pas.

— Va-t'en, petit, dit un fossoyeur.

Des gens, qui venaient voir l'idole, l'apercevaient et lui disaient aussi de s'en aller. C'était peine perdue. Enfin quelqu'un eut l'idée d'aller avertir le chanoine Élias Tourigny. Il s'amena du plus vite qu'il put, presque en courant, se saisit du jeune garçon, le prit dans ses bras. Et lui, qui était jusque-là resté maître de lui-même, éclata en sanglots.

— Armour, disait-il, mon petit Armour!

Le jeune garçon sentit fondre son cœur et se mit à pleurer.

— Cesse-moi ça, Armour Cossette, cesse-moi ça! Un homme ne doit jamais pleurer.

— Et vous, pensez-vous que vous ne pleurez pas!

— Moi, c'est différent, je pleure de joie. Si tu savais, petit garcon, comme tu ressembles à ton père!

CHAPITRE IX

Après la mort du docteur François Fauteux, le chanoine Tourigny, jusque-là le plus casanier des curés, se mit à fréquenter dans la maison près du pont, chez les Mithridate, ainsi qu'on nommait par sobriquet Philippe et Marguerite Cossette. Il fut bien étonné de s'entendre dire par celle-ci à sa deuxième visite:

César m'abandonnant, Christ est mon assurance;
C'est l'espoir des mortels dépouillés d'espérance.

Il en resta décontenancé. Elle lui apprit que c'était du Rotrou. Et cette splendide créature de lui citer deux autres vers illustrant un combat se terminant par la mort:

N'épargne point ton sang en cette sainte guerre;
Prodigues-y ton corps, rends la terre à la terre…

— Vous avez, madame, une heureuse mémoire. Si j'étais poète, j'ajouterais: «Rends la terre à la terre et qu'au ciel reste l'air pur du matin.»

Marguerite Cossette dit encore un quatrain:

J'ose à présent, ô ciel, d'une vue assurée
Contempler les brillants de ta voûte azurée

Et nier ces faux dieux qui n'ont jamais foulé
De ce palais roulant le lambris étoilé.

Son mari l'écoutait avec l'admiration béate du grand
paysan. Le chanoine Élias Tourigny, sachant qu'elle
n'avait pas appris ces vers dans le haut de la rivière des Envies, crut comprendre ce que par eux elle voulait signifier.
Plus tard, il lui demanda de lui réciter d'autres vers. Elle lui
répondit: «Hélas! messire, la Poésie est morte.» Elle avait
voulu faire entendre qu'entre elle et l'abbé Armour Lupien,
il y avait eu plus que des relations charnelles.

— Il y a une chose que je ne comprends quand
même pas, madame: c'est qu'on n'était déjà plus à Batiscan lorsque, préparant le cours de lettres qu'on devait
donner à l'Université Laval, on se prit d'admiration pour
les théâtres du poète Rotrou.

— Messire, Philippe pourra vous le dire: nous
avons reçu de Saint-Thuribe des lettres où, sans aucun
commentaire, on nous avait transcrit les vers qu'on avait
aimés.

Au presbytère, le déplaisir de Florence, la ménagère
du chanoine Tourigny, était grand; elle y fomentait un air
de tristesse résignée qui couvrait mal la hargne et que tous
arboraient, les bonnes, le bedeau et même le nouveau vicaire. Un jour, à table, conversant avec celui-ci, le chanoine lui rappela qu'un des devoirs du curé d'une paroisse
était d'apprendre les rudiments du latin aux enfants particulièrement doués, issus d'un père ayant les moyens d'en-
visager les frais du séminaire. Après le repas, il alla fumer
un cigare chez les Mithridate, le cigare que si longtemps
il avait fumé céans, au presbytère, à la senteur duquel Florence s'était habituée au point de n'en pouvoir souffrir
l'absence. Comme elle mangeait tout en desservant la
table, le jeune vicaire répéta qu'il convenait à un curé

d'apprendre le latin à un garçon dont les parents étaient fortunés. Elle lui éclata de rire au nez:

— Apprendre le latin au petit Mithridate? En voilà une nouvelle! On voit, mon jeune abbé, que vous connaissez mal sa mère venue des hauts, dont mon défunt père, cultivateur à Sainte-Geneviève, n'aurait même pas voulu pour servante. Vous ne l'avez pas vue? Elle a le feu dans le regard, ce n'est qu'une Sauvagesse.

— Madame Florence, je n'ai pas appris au grand séminaire qu'on devait faire des distinctions entre les peuples.

— Une Sauvagesse, ce n'est pas un peuple. C'est une femme bonne à cueillir des champignons, qui aime mieux les gadelles que la religion et qui n'acceptera jamais d'être séparée de son garçon.

— Elle est quand même une bonne mère.

— Vous appelez ça une bonne mère? D'un bon petit garçon, elle fera un mauvais garnement, un coq de bataille, un coureur de filles. Enseigner le latin à ça, c'est de la pure folie!

Elle s'arrêta, tout émotionnée, et deux larmes coulèrent contre ses joues.

— La vérité, c'est que le chanoine Tourigny ne s'est pas remis de la mort du docteur Fauteux. Il va chez les Mithridate parce que le docteur s'y tenait. Ah, le pauvre homme de Dieu! Vicaire, je ne sais pas si on vous a appris à prier à Trois-Rivières ou à faire de la politique. Si on vous a appris à prier, pensez au chanoine Tourigny, pensez à nous tous, ici, au presbytère, que son malheur a rendus malheureux. C'est une chose nouvelle, c'est une chose terrible. Allez, allez prier Notre-Seigneur, mon pauvre abbé! C'est ce que vous pouvez faire de mieux.

Il resta à table, songeur. En garçon intelligent, il remercia Dieu de lui avoir donné la foi, d'en avoir fait son prêtre. «Vous avez été généreux en tout, sauf sur l'âge. Vous me le comptez goutte à goutte comme si, ô Vous qu'on nomme l'Éternel, Vous n'étiez pas en possession de l'âge et du temps!»

Et à qui pouvait-il s'adresser pour exprimer son doute et son mécontentement? Comme il commençait à avoir sommeil et qu'il y résistait au prix d'un mal de tête, il pensa à la couronne d'épines. C'est au Fils incarné dans l'espace, crucifié dans le temps, qu'il lui fallait s'adresser. Ce fut pour lui comme une révélation. Il monta se coucher et peu après, au moment où il allait s'endormir, il entendit le chanoine Élias Tourigny qui rentrait…

Ç'avait été son veuvage qui avait attiré le docteur Fauteux chez les Mithridate, dans leur grande maison, près du pont. Certes, la perte de son ami influa sur la démarche du chanoine, mais c'est surtout son sentiment pour un jeune garçon, celui-là même qu'il avait ramené du cimetière, qui était venu bouleverser sa vie, un jeune garçon nommé Armour dont il s'était appliqué jusque-là à détourner le regard, le fils du plus affectionné de tous les vicaires, feu l'abbé Armour Lupien… Si, de plus, il savait apprécier les qualités et les vertus de sa mère Marguerite, c'est qu'avant d'être chanoine et homme de Dieu, il était homme à chevaux. Quant à Philippe Cossette, le père légitime, propriétaire du pont péager, du trois-mâts *Saint-Élias* et de deux goélettes, il était au surplus l'un des importants cultivateurs de Batiscan. Depuis son mariage, sa fortune avait augmenté. Cette fortune, dont dépendaient plusieurs familles et qui le portait à suivre de près l'évolution de la paroisse, faisait de lui un paroissien à qui le curé se devait d'accorder une attention particulière.

— Avez-vous remarqué, Philippe, que depuis quelque temps notre cimetière attire autant de gens qu'un petit lieu de pèlerinage?

— Oui, je peux même vous le démontrer, messire, par les recettes du pont... Vous attendez-vous à des miracles?

— Non, je m'attends plutôt à des remontrances. Tous ces visiteurs semblent curieux d'aller voir ce qu'il y a derrière le calvaire.

— Une idole peule[68], messire Tourigny, c'est plutôt rare sous nos climats.

— Possible qu'à l'évêché on ne sache pas apprécier cette rareté... Dites-moi, Philippe: elle n'est pas sculptée dans l'ébène? J'ai l'impression qu'elle l'a été dans un bois mou qui ne devrait pas durer longtemps.

— Chose certaine, elle est d'une légèreté qui a paru surprenante à tous mes matelots. Le capitaine Maheu prétend même que, pour la conserver, il faudrait la mettre dans une niche de verre comme la grosse Sainte-Anne de Machiche[69].

— On ne lui bâtira peut-être pas une niche, mais elle restera le temps qu'elle pourra où on l'a mise, n'en déplaise à Sa Grandeur. Je m'attends à sa visite, pensez donc!

— Pour les remontrances?

— Oui, Philippe Cossette... J'aurais une petite faveur à vous demander: quand elle se présentera à la barrière du pont, qu'elle paye comme tout le monde.

— Chanoine Tourigny, pensez-vous que j'ai les moyens de laisser passer gratuitement sur mon pont une grosse calèche comme celle de Sa Grandeur?

— Encore moins de la laisser arriver au grand trot jusqu'à la barrière! N'oubliez pas que votre pont est plus fragile que vous ne le sauriez croire et qu'il est interdit de trotter sous peine d'amende; ne manquez pas de percevoir et l'amende et le péage.

— Je verrai de près à mes intérêts. De mon côté puis-je vous suggérer, messire, de cadenasser les grilles du cimetière? J'ai cru remarquer que plusieurs des pèlerins avaient l'impiété de pénétrer en voiture dans ce lieu sacré.

Ce fut Mgr Charles-Olivier Caron qui vint à la place de Mgr Laflèche. Il s'avança sur le pont, au pas, jusqu'à la barrière. Le péager sortit. Mgr Caron lui demanda franc passage comme c'était la coutume pour les ecclésiastiques. Le péager lui répondit qu'on ne connaissait pas ça, des ecclésiastiques, sur le pont de Batiscan et qu'on n'ouvrait la barrière qu'aux citoyens, péage acquitté. Le protonotaire apostolique le menaça des foudres du chanoine Tourigny. Le péager lui rit au nez et monseigneur comprit qu'il y avait quelque chose de nouveau dans Batiscan. Peu porté aux chicanes, il s'en retourna tout bonnement à Trois-Rivières. À la suite de quoi, dès le lendemain matin, la calèche revenait, cette fois au grand trot, amenant Sa Grandeur elle-même, fort en colère, qui ne demanda pas franc passage, mais l'exigea au nom de l'autorité de l'Église. Le propriétaire du pont, Philippe Cossette, prévoyant ce retour et cette colère, se tenait lui-même à la barrière.

— Sa Grandeur est sur ses grands chevaux, ce matin: elle oublie qu'avant de parler de passage, elle devra payer l'amende pour avoir trotté jusqu'à la barrière.

— Trotter, laissez-moi rire!

— Cocher, avez-vous trotté ou non? Dites-le-moi et votre parole me suffira.

Mgr Laflèche, penché à la portière, restait interdit, n'en croyant pas ses oreilles. Il n'entendit pas moins son cocher répondre à Philippe Cossette:

— Je dois admettre que je n'ai pas pu retenir mes bêtes, monsieur Cossette, et qu'elles ont en effet trotté sur le pont.

— Sa Grandeur, vous me devez une amende de cinq piastres, à moins que vous vouliez contredire votre cocher et mentir à la face de Dieu.

Mgr Laflèche tira de sa bourse un billet de cinq dollars et le lança en l'air. Survint un coup de vent et le billet fut emporté dans la rivière.

— Les règlements de la voirie sont formels: l'amende doit être payée au propriétaire du pont péager et non à la rivière. Que Votre Grandeur se jette à l'eau pour me rapporter ce premier billet ou qu'elle daigne m'en donner un nouveau.

Tandis que parlait Philippe Cossette, se rapprochaient, mine résolue, les marins du *Saint-Élias*; quelques-uns d'entre eux étaient des gaillards d'une corpulence des plus impressionnantes. Mgr Laflèche tira de sa bourse un nouveau billet, le remit à son cocher qui le donna très poliment à Philippe Cossette.

— Très bien, dit Philippe Cossette. Maintenant il ne nous reste plus qu'à faire venir le juge de paix pour qu'il établisse un constat à la satisfaction des deux parties.

— Vous ne voulez pas…

— Que Votre Grandeur sache que ce constat est stipulé par la loi pour sa propre protection et non pour la mienne. Moi, j'ai déjà votre cinq piastres. Vous, vous aurez le constat moyennant les frais, bien entendu.

— Je n'ai pas besoin de ce constat. Levez la barrière et laissez-moi passer.

Philippe Cossette demanda à Mgr Laflèche s'il comptait retourner à Trois-Rivières dans la journée.

— Pensez-vous que je coucherais à Batiscan après l'affront qui vient de m'être fait?

— Alors, ce sera un écu pour l'aller et le retour.

— Comment? Jamais l'autorité religieuse n'a été astreinte au péage.

Un marin intervint pour dire que si Jésus avait marché sur les eaux, Sa Grandeur avait dû en apprendre depuis, et qu'il ferait plaisir à tous les Batiscanais de savoir qu'elle avait traversé la rivière en calèche, avec ses deux chevaux, à côté du pont.

— Cela ferait un bien joli miracle.

Philippe Cossette tendit la main:

— Un écu ou un miracle.

Sa Grandeur Mgr Laflèche tira un écu de sa bourse et le remit au propriétaire du pont.

— C'est un écu dont je me souviendrai.

— On vous comprend, monseigneur, car avec un peu plus de foi vous auriez pu traverser gratuitement la rivière.

La barrière levée, l'équipage épiscopal repartit au grand trot, non pas vers le presbytère comme on aurait pu le penser, mais vers les grilles du cimetière dont l'entrée venait d'être cadenassée.

— Si j'avais su, dit Philippe Cossette, je l'aurais laissé passer pour rien: ce n'est pas tous les jours qu'on peut voir un évêque venir en pèlerinage dans le champ du Potier pour faire ses religions à une grande idole à la face plate et aux tétons tout nus!

À la grille du cimetière, Sa Grandeur s'impatientait:

— Allez chercher la clef au presbytère.

Le cocher y courut pour s'entendre dire par la ménagère de s'adresser au troisième marguillier: «Comme ça s'adonne bien, il vient de partir pour Trois-Rivières; c'est sur votre chemin.» Le cocher eut la nette impression que non seulement son évêque ne rencontrerait aucune bonne volonté à Batiscan, mais qu'il venait de se fourrer dans un guêpier. Il s'en fut lui rapporter la réponse qu'on lui avait faite et qui semblait bien vouloir dire qu'on voulait le voir s'en retourner comme il était venu.

— Bah! rien ne vous empêche d'aller la voir à pied, cette fameuse idole.

— Voulez-vous que je vous accompagne, monseigneur?

— Non, occupe-toi de tes chevaux. Au point où en sont les choses, on pourrait bien les aider à s'échapper. Ce n'est pas que je sois méfiant, mais je ne me sens pas en confiance.

— Des sentiments mêlés, comme vous en avez déjà éprouvé chez les Sioux?

— Mon pauvre ami, les Sioux n'étaient que des Magouas, des Bohémiens auprès de mes diocésains d'ici. Un Philippe Cossette, surtout s'il a la complicité du chanoine Tourigny, serait capable de me vendre comme esclave chez les Nègres; il en a l'audace et les moyens. Ce n'est guère agréable pour un évêque, pour un évêque qu'on dit autoritaire, de sentir qu'il n'a plus d'autorité et qu'il s'est fourré dans un fameux guêpier.

Mgr Laflèche s'introduisit dans le cimetière et, contournant le calvaire, se rendit tout droit au champ du Potier. L'idole lui rappela par quelques détails certains grands totems qu'il avait vus dans l'ouest du Canada. Au demeurant, à part les seins nus, il n'y aurait rien trouvé à redire. Elle était hideuse, bonne à faire peur aux enfants et tout à fait à sa place dans le champ du Potier. Il revint à sa calèche, songeur, se demandant même si les seins nus devaient être considérés comme un objet de scandale.

— Eh bien? lui demanda son cocher.

— Je crois, dit Sa Grandeur, qu'il aurait été plus poli de ma part d'aller d'abord rendre visite au chanoine Élias Tourigny.

— Dois-je vous conduire au presbytère, monseigneur?

— Il le faut bien, mon ami.

Rendu au presbytère, Mgr Laflèche n'était plus du tout sûr de lui; si le chanoine allait refuser de le recevoir?

— Mon ami, va donc t'informer. Il n'est peut-être pas au presbytère?

Non, il n'y était pas.

— Vous pourrez le trouver dans la maison, près du pont, chez monsieur Philippe Cossette.

Sa Grandeur hésita.

— Craignez-vous d'être vendu comme esclave chez les Nègres, en Afrique?

— Si je n'arrêtais pas, j'aurais l'air en effet de le craindre. Et je pense à toi, mon ami, car si j'étais vendu comme esclave, un anneau dans le nez, tu serais du voyage. Considère un peu ta corpulence: tu traverserais la mer pour être mis dans un grand chaudron… Tout bien considéré, nous arrêterons. Il serait d'ailleurs inconcevable pour un évêque de venir fureter dans une paroisse sans saluer le curé.

— Dieu parle par la bouche de Votre Grandeur.

— Ah oui, mon ami?

— Il tient fort à ce que nous rentrions à Trois-Rivières et la meilleure façon d'y rentrer, c'est d'aller saluer, en même temps que messire le chanoine Tourigny, le roi Mithridate qui peut nous permettre ou nous empêcher de passer sur le pont. À Trois-Rivières vous jouissez de la protection des Romains. Ici, j'ai eu beau tendre l'oreille, je n'ai pas entendu parler anglais.

La calèche de Mgr Laflèche s'arrêta devant la maison de Philippe Cossette. Sa Grandeur en descendit vivement, avant même que le cocher ait pu bouger de son banc.

— Toi, tu m'attends ici. Sous aucune considération, il ne saurait être question de dételer. Nous ne faisons que passer. J'entre et je sors. De plus, sache que le représentant de Sa Sainteté n'a pas besoin de la protection des Romains.

De l'extérieur, la maison du roi Mithridate ne payait pas d'apparence. C'était une ancienne maison française à laquelle on avait fait une rallonge qui s'harmonisait assez bien avec elle. En entrant, Mgr Laflèche resta surpris: toute l'ancienne maison, d'un foyer à l'autre, et du plancher jusqu'au toit, avait été convertie en salon. À l'une des deux poutres, pendait une corde insolite qui semblait ne servir à rien. Sa Grandeur n'eut pas le loisir de la remarquer. Il constata seulement qu'il était attendu par une quarantaine d'hommes, les marins de Philippe Cossette et les marguilliers du chanoine Élias Tourigny. Cette représentation imposante occupait les deux extrémités du salon. Le milieu était vacant. Face à l'entrée, le long du mur opposé, plusieurs grands fauteuils d'osier étaient occupés par le capitaine Maheu et le premier marguillier, par Marguerite et Philippe Cossette. Dans le plus important, se tenait messire Élias Tourigny. Un fauteuil plus petit était vide. Aucun de ces personnages ne sembla remarquer l'arrivée de Mgr Laflèche qui, à présent, se sentait beaucoup moins alerte qu'à sa descente de calèche. Le nez busqué, les yeux perçants, il donnait l'impression d'un oiseau de proie pris au piège. Il se retourna et constata que l'entrée était obstruée par une demi-douzaine d'hommes d'une corpulence tout autre que celle de son cocher, de ces hommes que l'on dit bâtis dans le roc. Parmi eux se trouvait le marin qui, au poste de péage, l'avait insulté.

Mgr Laflèche était de complexion nerveuse, connu pour sa fougue et ses emportements, capable de prendre la panique. «C'est certain, se dit-il, je serai pris, jeté dans la cale du bateau, et l'on ira me vendre, moi, le représentant de Sa Sainteté le pape, comme esclave en Afrique.» Interdit, il était possédé par cette idée saugrenue; il ne remarqua pas un petit garçon devant lui, qui récitait un compliment. De la panique, le grand nerveux passa au ravissement, se demandant d'où venait la si jolie voix qu'il entendait...

— Ah! c'est toi, petit! Qu'as-tu donc à me dire?

Armour Cossette ne se laissa pas décontenancer; il oublia le compliment appris et répondit à Sa Grandeur:

— Monseigneur, parce que je suis le plus petit, je suis venu accueillir le plus grand et lui demander de me bénir. Parce que j'aurai été béni par vous, toutes les personnes ici le seront en même temps.

— Volontiers, mon petit, volontiers.

Armour Cossette s'agenouilla et Mgr Laflèche le bénit par trois fois, pendant que les marins et les marguilliers restaient debout, alors que le chanoine, Marguerite et Philippe Cossette, de même que le capitaine du *Saint-Élias* et le premier marguillier restaient tout bonnement assis. Après quoi, le petit garçon prit monseigneur par la main et l'emmena s'asseoir entre Marguerite Cossette et le chanoine Tourigny, dans un fauteuil d'osier plus petit que celui qu'occupait le curé de Batiscan.

— Ah, monseigneur, dit Marguerite Cossette en lui prenant la main, nous n'oublierons jamais ce que vous venez de faire pour nous.

Et sa main, elle la lui baisa comme l'avaient fait déjà des femmes comme elle, le feu dans le regard, l'œil un peu bridé, des femmes des nations amérindiennes, dans l'Ouest, à une époque où il leur avait apporté la parole de Dieu en même temps qu'on exterminait leur cheptel, l'immense troupeau de bisons sauvages.

— Cet aimable petit garçon est le vôtre?

— Oui, monseigneur.

— Je l'aurais dit à ses yeux.

Le chanoine Tourigny demanda:

— Est-il vrai que madame Duplessis[70], la remarquable épouse de l'honorable Nérée, serait de nouveau dans un état intéressant, mais cette fois enceinte d'un garçon?

Mgr Laflèche regarda le chanoine Tourigny d'un air songeur car, si la demeure du juge Duplessis n'était pas loin du palais épiscopal, le passage du célèbre Honoré Mercier[71] était survenu à un mauvais moment. C'était certes une question maligne, elle était aussi troublante. «On le dit, messire», fut sa réponse. En même temps, il ne pouvait s'empêcher d'admirer le vieil homme d'une intelligence si subtile qui le mettait, à Batiscan, dans une position d'autorité auprès de laquelle la sienne, pourtant son évêque, n'était rien.

— Dites-moi, messire, Batiscan vous semble-t-il une place plus importante que Trois-Rivières?

— Les apparences plaident pour Trois-Rivières, mais il ne faudrait pas oublier que les étrangers y ont beaucoup d'influence et qu'ici ils n'en exercent aucune.

On passait le champagne. Le chanoine Tourigny ajouta:

— Nous avons brisé l'écrou du golfe et faisons commerce avec beaucoup de nations. Ainsi pouvons-nous boire le champagne alors que vous prenez surtout de la baboche. Vous restez écrasés sur vous-mêmes et l'on ne vous laisse d'échappée que vers Rome. Croyez-m'en, monseigneur, ce n'est qu'une soupape, une soupape d'illusion, car la diplomatie vaticane ne s'entend bien qu'avec la diplomatie anglaise.

Le premier marguillier avait pris la parole:

— Je propose qu'on boive à la santé de Sa Grandeur Mgr Laflèche, qui a touché le cœur de tous les Batiscanais en venant prier sur la tombe du docteur Fauteux, que nous n'avons pas cessé de pleurer et qui repose au milieu des fols et des pauvres misérables, dans le champ du Potier.

On vida lentement sa coupe et Mgr Laflèche répondit:

— Mes enfants, je ne regrette pas d'être venu à Batiscan, même si c'était à titre privé; autrement, je me

serais rendu d'abord auprès de votre curé, le vénérable
chanoine Tourigny; j'ai mieux compris que le Christ, en
prenant sur lui les péchés du monde, avait nui à sa réputation dans l'immédiat. J'ai vu dans toute son horreur la
déesse de la mort qu'on m'avait dénoncée comme scan-
daleuse. Je ne suis pas certain qu'elle le soit. De toute façon, elle est sculptée dans un bois léger et fragile. Les
gens à scandale, qui dénoncent souvent le scandale parce
qu'ils l'ont dans le cœur, en seront quittes pour patienter.
Votre évêque ne les écoutera plus; il s'en est remis au
verdict des années.

Le chanoine Tourigny dit alors à son évêque:
«Vous savez que je suis un homme de paix. Laissez-moi
vous dire qu'en peu de mots vous m'avez réconcilié avec
mon évêque. Qu'il le sache et compte sur moi dans ses
œuvres de paix.» Les verres avaient été remplis. Cette
fois, ce fut Philippe Cossette qui pria l'assemblée de
boire à la longue carrière du *Saint-Élias*.

— Philippe, grand sacripan, tu prêches pour ton
clocher, s'écria le marin qui sur le pont avait insulté Sa
Grandeur.

— Mon clocher est celui de Batiscan et le bateau
dont je parle porte le nom de notre curé, que nous sommes
unanimes à vénérer. Il porte le nom de mon pays qui se
trouve partout où les étrangers ne l'ont pas écrasé. Ici,
nous sommes libres et entreprenants. Nous ne sommes pas
des esclaves, nous sommes des hommes. On nous avait
enfermés dans notre pays. Un pays n'est pas une prison
mais un lieu de fraternité où l'on apprend à être fraternel
avec les hommes des autres pays du monde. Par ce trois-
mâts nommé *Saint-Élias*, grâce à l'habileté des charpen-
tiers qui l'ont construit, grâce au courage de son équipage,
à l'habileté du capitaine Maheu, nous avons rompu les
barreaux de notre pays, nous avons repris contact avec le

monde. Et que sommes-nous? Les hommes d'un village, des Batiscanais, et nous sommes rendus plus loin que les gens des villes, les gens de Trois-Rivières, de Montréal et de Québec, qui, dominés par les étrangers, attendent des étrangers ce qu'ils pourraient faire eux-mêmes. Mes amis, mes frères, je bois au *Saint-Élias*, je bois à la liberté de mon pays, je bois au monde entier.

De tous les assistants, le plus ému fut l'évêque de Trois-Rivières. Quand il repassa le pont, la barrière était levée et le péager le salua avec politesse.

— Mon ami, dit Mgr Laflèche à son cocher, sais-tu une chose? Je crie fort, on m'entend partout dans le pays. Mais je n'ai pas le quart, le dixième du pouvoir et de l'autorité du chanoine Tourigny!

CHAPITRE X

Le *Saint-Élias*, qui avait à sa proue un ange, les ailes déployées, ramenées vers les bordages, descendait le fleuve, longeait les monts Notre-Dame jusqu'à la Pointe-à-la-Frégate et de là continuait dans le golfe jusqu'à la passe du sud, entre Terre-Neuve et le Cap Breton; ensuite il se rendait aux Bermudes ou aux Antilles, chargé de madriers de pin que le capitaine Maheu troquait de son mieux, au hasard des années. Il ne traversa que trois fois vers l'Afrique et les vieux pays. Le pin, qui ne coûtait guère au début du grand ravagement des Laurentides[72], augmenta de prix, puis devint introuvable. En même temps, les voiliers se voyaient devancés par les vapeurs. N'eût été la longue habitude des îles qu'avait le capitaine Maheu, l'ange du *Saint-Élias* eût battu de l'aile en vain et le bâtiment serait resté à l'embouchure de la rivière Batiscan.

— Capitaine Maheu, ne serait-ce que pour Marguerite et le chanoine Tourigny, il faut continuer vos voyagements.

— Mithridate, tu n'y trouves même pas ton profit, avait répondu le capitaine à Philippe Cossette qui défaisait en argent ce qu'il gagnait avec deux petites goélettes puantes.

— Je sais que les bonnes années ne reviendront plus mais je me suis habitué à la beauté d'un moment, celui de votre retour à Batiscan. Les voiles du *Saint-Élias* sont vues d'aussi bas que Sainte-Anne.

— Surtout quand il me faut plus d'une semaine pour remonter de Grondines.

— Les vents adverses sont plus nombreux à présent que le pin se fait plus rare. Ce n'est pas une raison pour faillir. D'ailleurs ce bateau, construit avec tant de soins selon un art aujourd'hui oublié, ne trouverait pas preneur si je le mettais en vente.

Le chanoine avait pu l'emporter en puissance sur son évêque, Mgr Laflèche, et l'on disait encore à Batiscan que Sa Grandeur avait regagné Trois-Rivières en débénissant les cochons et les vaches que l'abbé Normand avait déjà bénis, les prenant pour ses futurs diocésains, mais à la longue le chanoine ne put résister aux vicaires de plus en plus stupides et délirants qu'on lui fabriquait au grand séminaire.

— Ah! Dieu, disait-il, je finirai par détester ma race.

Après la mort de Mgr Charles-Olivier Caron, il demanda d'aller se choisir lui-même un successeur, ne se sentant plus le courage ni la force de former des curés pour les autres paroisses. Ce fut ainsi qu'il termina ses jours avec l'abbé Rondeau[73] qui deviendra plus tard curé de Sainte-Catherine, près de Québec, à la suite d'une dispute avec Mgr Cloutier qui, piqué de la tête mais moins délirant que Mgr Bruchési, continua d'être tenu en haute estime par les délégués apostoliques de Notre Saint-Père le pape, devenu infaillible en 1870. Ces délégués ne furent jamais que des larbins pompeux quand ils n'étaient pas des conspirateurs dangereux, couverts d'or et pourris du dedans, comme ce fut le cas de Mgr Antoniotti[74], venu à

Ottawa de Madrid, après le coup d'État du général Franco. Il relevait de Pie XII[75] qui ne pouvait pas concevoir de politique sans coups bas, bien fourrés, bénissant les crimes et les petits oiseaux. En retour, c'est tout juste s'il ne demandait pas à être canonisé de son vivant. Entouré de Mgr Roche[76], de madame Rivest, née Berthiaume[77] et comtesse romaine, encensé par ce débile inspiré qui deviendra le cardinal Léger, célèbre par mille folies, en particulier par cette fresque à la droite du maître-autel, dans la vieille église de Notre-Dame-de-Bonsecours, qui le représente en extase devant une apparition de la Vierge, ce pape sinistre obligea les communautés canadiennes à se gouverner de Rome, question d'instituer en holding le saint bidou.

Le chanoine Élias Tourigny, sur la fin de sa vie, ne voyait pas l'avenir d'un bon œil. Il faisait partie d'une Église nationale que le papisme allait désenchanter. Chaque mois, il allait prier sur la tombe du docteur Fauteux dans le champ du Potier. À son ami mécréant, il demandait de lui garder la foi. Les années passaient, il pouvait en apprécier le méfait sur la grande idole peule dont le bois s'effritait; elle avait perdu des dents, une oreille, et sa face semblait plus plate que jamais. Seuls résistaient les seins aux tétins gros comme des pis de vache. Certes, elle ne devenait pas belle, mais n'avait plus rien d'affreux ni de repoussant.

— Pauvre ami, qu'es-tu devenu, toi, sous terre? Si j'ose me souvenir de toi, c'est que tu gis au milieu des fous et des pauvres misérables. En te constituant leur protecteur, peut-être es-tu resté intact et maintenant plus jeune que moi?

Un jour, Marguerite Cossette demanda au vieux chanoine de l'entendre en confession.

— Je le voudrais bien, petite, mais je ne sais même pas qui tu es. Je connais ton origine: tu viens d'en haut de

la rivière des Envies, et je ne suis pas sans avoir appris
deux choses: la première, que tu as d'abord été consi-
dérée comme une intruse à Batiscan puisque tu enlevais à
de vieilles familles, qui avaient des filles à marier, le
meilleur parti de la paroisse; la seconde, que tu ne l'as
pas ruiné comme on l'aurait souhaité mais que, au
contraire, tu l'as stimulé et grandement enrichi.

— Messire, je n'ai eu aucun mérite. Il avait pour
conseiller monsieur le docteur Fauteux.

— Oui, peut-être, mais ne l'est-il pas devenu parce
que, n'ayant aucun préjugé, il a voulu qu'on reconnaisse
tes mérites?

— Je n'en ai aucun, messire: tout au plus ai-je un
certain goût pour les belles expressions et retenu certains
poèmes que je n'ai jamais lus, les ayant appris de bouche
à bouche.

— Mais qui donc es-tu?

Marguerite Cossette baissa la tête pour mieux y
penser. Le chanoine la vit compter sur ses doigts. Elle releva la tête et répondit qu'elle était d'une race formée de
cinq ou six nations.

— Mon grand-père paternel, qui s'est nommé Trépanier, était Abénaki[78]: il est devenu Trépanier par amitié, ça c'est certain, mais de cette amitié il existe deux
histoires différentes. La première veut qu'il ait été de Bé-
cancour et qu'il eût son territoire de chasse le long de la
rivière des Envies. Je préfère la seconde: un nommé Trépanier aurait été foreman pour ce monsieur Sénécal[79] qui
était spécialiste en traques et en banqueroutes; sa traque
finie, il déclarait faillite et la voie ferrée était rachetée par
un financier de Londres qui, de cette façon, l'avait à
meilleur compte. Cela méritait récompense: on l'a
nommé sénateur comme son compère Forget[80] est devenu lord et sa femme lady. Il est vrai que celui-ci avait

surtout volé des Français tandis que Sénécal volait n'importe qui. Il aurait même volé un Anglais du nom de Samuel Butler[81] qui a écrit un livre intitulé *Erewhon* où un peuple heureux garde en musée toutes les machines qu'il a inventées et dont il a été assez sage pour ne pas se servir. Ce livre aurait été écrit à Montréal.

— Ma petite dame, vous êtes savante comme un grand livre.

— J'ai écouté des hommes savants, tout simplement, et c'était souvent dans un lit... Toujours est-il que ce fameux Sénécal, après avoir bâti le chemin de fer qui va de Québec à Montréal et continue à Ottawa, jugea qu'il avait été trop sérieux. Aussitôt après, il lance une traque de Lévis vers la rivière Kenebec; c'est passé Sertigan que le foreman Trépanier aperçoit un Sauvage à deux couettes, l'air tout démonté, qui regarde une bande de forcenés dans son territoire de chasse et se demande s'ils sont venus lui faire la guerre. Le foreman Trépanier s'approche avec bonne humeur et politesse, sort sa gourde, y prend un coup, essuie le goulot avec sa manche et l'offre au Sauvage qui en prend une gorgée et le remercie. Et les voilà liés d'amitié avant même de s'être parlé. Désormais ils ne se quitteront plus. Quand le foreman Trépanier mourra, l'Abénaki prendra son nom tout bonnement et s'occupera de la veuve dont il aura d'autres enfants, Trépanier comme les premiers.

— Ton père se situait parmi les cadets?

— Oui. De plus, par ma mère qui était une Pagnol...

— Une Marchand ou une Massicotte? demanda le chanoine.

— Je ne saurais vous le dire, messire... Par elle j'aurais du Montagnais, de la Tête de Boule et de l'Irlandais. Cela fait quatre nations. J'aurais de plus une parenté

avec les Sauvagesses du seigneur Hamelin[82], de Grondines. Il allait les chercher dans le Missouri.

— Cela en fait cinq et tu dois avoir aussi du Canadien… Mais oui! puisque ta mère était une Pagnol.

— Voilà donc qui je suis, monsieur le chanoine, dit
Marguerite Cossette.

— Une jeune fille imprévisible: qui aurait pu penser que tu deviendrais la première dame de Batiscan?

Le chanoine Élias s'entendit répondre calmement et
il eut du mal à en croire ses oreilles.

— Messire, je n'en ai jamais douté.

Cette assurance expliquait la facilité avec laquelle
Marguerite avait tenu sa place et l'influence qu'elle avait
eue sur Philippe Cossette, son mari. Elle expliquait aussi
son indépendance, les accommodements qu'elle avait su
prendre avec les mœurs et peut-être même avec la religion.

— Es-tu chrétienne, au moins?

— Je vous avouerai, messire, qu'avant aujourd'hui
je n'y avais guère pensé. Je savais, par le docteur Fauteux, étant donné les nations de mon origine, pour qu'aucune ne me diminue, que je ne pouvais me soustraire aux
fastes de la grande allée, que je devais occuper notre banc
les dimanches et les jours de fêtes, accompagner mon
mari à la sainte table lors des grandes occasions, surtout
lorsque les Mithridate, pour une raison ou pour une autre,
risquaient d'encourir sanctions et réprimandes.

— Ma petite, je suis certain que toi et ton mari avez
noblement fait votre parade, mais un doute me vient à
l'esprit: je ferme les yeux dans l'ombre du confessionnal
et je n'entends pas ta voix de l'autre côté du guichet…
Marguerite Cossette, t'es-tu jamais confessée?

— Messire, je mettais toute ma confiance en mon
mari, tenant pour mienne sa confession.

— Marguerite, Marguerite Cossette, lorsque tu trichais…

— Le Diable le savait, il n'était pas nécessaire de déranger le bon Dieu.

Le chanoine hocha la tête:

— Le bon Dieu! Le bon Dieu! fit-il…

Il se disait quant-et-lui qu'il se trouvait en présence d'une payenne authentique.

— C'est bien la peine d'envoyer des missionnaires chez les Zoulous[83] et de cloîtrer les putains du Gabon!

— Plaît-il, messire?

— Je parlais quant-et-moi: j'ai trahi ce que je ne voulais pas dire… Je suis vieux, Marguerite, je suis très vieux. Chaque mois, je vois que l'idole du champ du Potier a perdu un morceau, je la trouve plus belle et plus misérable, et je lève les yeux vers elle sans effroi: c'est donc que la déesse de la mort est bien près de moi.

— Sa poitrine résiste et ses deux tétins sont gros comme des pis de vache.

— Ma petite, comment veux-tu que je me scandalise? C'est là, très loin, en deçà de ma mémoire que j'ai commencé. Je ne me souviens pas, mais, loin de me terrifier, ses seins rassurent la soif de mes angoisses.

Marguerite Cossette, mère de Mithridate II par le vicaire Armour Lupien, dut rappeler au chanoine Élias Tourigny qu'elle était venue pour se confesser, mais le vieil homme ne voulait plus rien savoir:

— Es-tu au moins baptisée?

Cette fois, elle lui répondit durement.

— Chanoine, dit-elle, avant d'être curé de Batiscan, vous êtes officier d'état civil.

— Tiens! Tiens! Voilà une phrase que j'ai déjà entendue d'une bouche qui se voulait sévère et restait amicale, car c'est vrai que je tiens les registres de l'État et que, si je t'inscris sous le nom de Marguerite Trépanier, c'est que tu es Marguerite Trépanier et non pas Babalou de Portenqueue[84].

Le pauvre homme parlait pour ne rien dire.

— Chanoine Élias Tourigny, écoutez-moi.

— Marguerite Cossette, c'est tout entendu, que Dieu te pardonne, va et ne pèche plus.

— Je veux dire tous mes péchés.

— Je suis trop vieux, Marguerite Cossette; je n'aurais pas le temps de les entendre. Il est trop tard. Je t'ai donné l'absolution, je ne peux la reprendre. Comme pénitence, continue d'être fière, naturelle et aussi bonne que tu le pourras, car Dieu ne serait pas Dieu s'il t'en demandait davantage.

Le lendemain matin, le chanoine alla prier sur la tombe du docteur Fauteux et revint au presbytère la gorge sèche: Satan ou quelque séide de Mgr Laflèche avait osé se manifester contre lui et couper à la scie les deux seins de l'idole. Il manda Philippe Cossette et lui dit: «J'ai perdu le lait de mes premiers jours. Cela veut dire que j'en suis aux derniers. Dès aujourd'hui tu enverras enlever l'idole: un fanatique l'a mutilée cette nuit. Qu'elle soit brûlée à l'embouchure de la rivière Batiscan et du fleuve Saint-Laurent, du côté de l'église. De ses cendres renaîtront la beauté et la force dans notre paroisse. Philippe Cossette, toi qu'on a surnommé Mithridate, je te confirme dans ta dynastie. Que le petit Armour devienne Mithridate II et qu'il voie ta prospérité augmenter...»

Le chanoine Élias Tourigny avait peine à parler. Philippe Cossette ouvrait la bouche pour répondre mais il lui fit signe de se taire. Florence, la figure comme une poire d'angoisse, alla chercher le vicaire Rondeau qui attendait dans la cuisine et vint donner lecture du testament olographe de son curé, qui stipulait que tous ses biens meubles lui revenaient à la condition de prendre à charge ses vieux serviteurs et de les traiter comme des parents; à ces biens s'ajoutait une somme assez considérable.

— Ainsi, dit le chanoine Tourigny, mon successeur, le curé Rondeau, n'aura pas à subir de vexation de la part du palais épiscopal… Continuez, monsieur le vicaire.

Toute la fortune liquide, que Philippe Cossette n'avait pas crue aussi considérable, lui revenait à une condition: qu'il fasse naviguer une autre année le *Saint-Élias*, même si la forêt avait été complètement ravagée et que les scieries fermaient, faute de madriers de pin.

— Que ce soit un voyagement de principe, un voyagement pour la beauté, pour qu'une dernière fois à Batiscan revienne ce bâtiment, toutes voiles déployées.

Ainsi l'homme à chevaux, l'homme du pont de glace, le terrien sacrifiait sa parenté de Saint-Pierre-les-Becquets à l'eau qui entoure les continents, à l'eau qui est à tout le monde et qui n'est à personne, qui sépare les pays en même temps qu'elle les réunit; il se déclarait l'homme d'un pays libre, le pays de Mithridate, ennemis des Romains, où il fait bon d'être concitoyens de même langue, d'une parenté transcendant toutes les parentés; il se déclarait de plus patriote du monde entier. Le testament se terminait par ces mots: «La gloire et la beauté sont patientes: quand elles ont vu le jour, elles savent attendre parce que l'avenir leur appartient.» Le *Saint-Élias* venait à peine de partir que le curé de Batiscan entra en agonie; il répétait: «J'ai soif! J'ai soif!» et sa domesticité ne savait pas comment le soulager, surtout Florence, sa fidèle servante. Elle avait cessé de boire; au moins pouvait-elle souffrir de la soif comme lui. Sur le soir, s'amenèrent Marguerite Cossette, son mari Philippe et son fils Armour, qui bientôt allait avoir quinze ans. Ce jeune garçon était la réplique vivante d'un péché sacrilège, tant il ressemblait au vicaire Lupien. Le mourant cessa de se plaindre et murmura: «Merci, mon Dieu, de m'avoir remis à la gorge maternelle et au lait de mes premiers jours. J'ai été un homme et voici que je vais devenir l'univers entier.» Le vicaire Rondeau récitait les prières de circonstance, sans précipitation, avec sérénité. C'est avec sérénité que trépassa messire Élias Tourigny, le plus ancien chanoine du diocèse de Trois-Rivières et le très vénéré curé de Batiscan.

CHAPITRE XI

Après son retour d'un dernier voyage, folle et coûteuse aventure, hommage discret de feu le chanoine Tourigny à Marguerite, à sa paroisse, à son pays, le *Saint-Élias* resta échoué dans une anse vaseuse de la rivière Batiscan. Peu après, le royaume des Mithridate, qui toujours s'est agrandi de défaite en défaite, déménagea dans le comté de Maskinongé. Ce fut à cause de la dame des six nations, moins sensible au revenu qu'à la beauté des choses. L'abandon du voilier, encore sain et robuste, du seul trois-mâts construit par les Batiscanais, qui n'avait pas son pareil de Sorel à l'île d'Orléans, l'avait humiliée. Elle se souvint que son mari n'était pas le père de son fils. Une bonne terre, deux goélettes, un pont péager ne l'impressionnaient pas, car il y avait d'autres bonnes terres, d'autres goélettes, d'autres ponts péagers, tandis qu'il n'y eut qu'un *Saint-Élias* dont les prodigieux voyages l'engorgeaient de fierté, elle déjà orgueilleuse. Philippe Cossette eut beau prétendre que le capitaine Maheu était mort de la fièvre jaune dans le château du roi Christophe[85], à Cap Haïtien, il ne fut pas cru: il avait démérité. Pourtant Marguerite, née de six nations et d'une famille de rien, en haut de la rivière des Envies, aurait dû être son humble servante. Dans le village de Batiscan, les Cossette étaient considérés, depuis les origines,

au moins autant que les Désilets, les Marchand, les Baril,
les Massicotte. Philippe gardait sa belle terre, son pont péager, ses deux goélettes et de l'argent liquide qui faisaient
de lui un homme considérable, un grand propriétaire, sinon
un roi; il se tenait vassal de sa femme qui avait le feu dans
le regard, l'œil un peu bridé. Le dédain dont il se sentait
l'objet, dont on ne reviendrait pas, qui était définitif, l'af-
fecta si profondément qu'il mourut avant son temps. Alors
on vit la Marguerite, qui mettait la beauté avant la fortune,
déjouer la cupidité, conseillée par le curé Rondeau, et vendre au-dessus du prix sa terre, ses goélettes et son pont
péager. Déjà elle détenait une première hypothèque sur la
maison du docteur Hamelin[86] à Louiseville, «une maison à
cinq portes», disait sa femme qui était sotte et vaniteuse.
Ce médecin, auquel on ne recourait que pour les certificats
de décès et les maux de gorge, avait trois fils qui ne semblaient guère dépenser et le ruinaient peu à peu. Bien fol
fut l'habitant de Chacoura[87], d'autant plus fol qu'il se
nommait Lesage, qui prit sur cette maison une deuxième
hypothèque; il n'en toucha que les intérêts, les trois pre-
mières années; ensuite il ne toucha plus rien et perdit son
capital. À la mort du malheureux médecin, l'argent était
rare; la maison, mise en vente, ne monta même pas au prix
de la première hypothèque. Marguerite, la veuve de Philippe Cossette, y déménagea. Elle avait été assez avisée
pour vendre la terre et le pont péager de Batiscan, tout en
gardant la maison qui attenait aux deux. Le curé Rondeau
avait fait courir la rumeur qu'extravagante comme elle
était, mettant la beauté au-dessus de la fortune, Marguerite
Cossette s'était payé le luxe de fort mauvais placements, ce
qui expliquait qu'à quinze ans, son fils Armour restait
auprès d'elle, sans études.

     — Pensez-vous à son bien en le gardant auprès de
vous?

—Curé Rondeau, dites aux indiscrets que je suis ruinée.

—Comment pourrais-je mentir à ce point? Il n'y a que les Écossais de Montréal qui soient plus riches que vous.

—Faites-le pour ma vertu; vous devez savoir, curé Rondeau, combien je suis sensible à la sollicitation masculine.

Le curé de rougir, y voyant une déclaration, le croyant d'autant plus que Marguerite semblait être devenue dévote. Elle se confessait chaque semaine de pensées luxurieuses que son devoir de chrétienne lui interdisait. Le curé lui conseillait de communier chaque jour. Elle le faisait la première journée, ensuite s'abstenait. Le curé Rondeau, malgré les grâces du sacerdoce, restait un homme naturel, porté à la fatuité. Au lieu de lui dire: «Eh bien! empressez-vous de vous consoler», il lui objecta son fils, toujours auprès d'elle quand, hélas, cédant à la tentation, il venait lui rendre visite. Or, Marguerite éprouvait pour son fils beaucoup de tendresse, préférant le garder ignorant que de le savoir malheureux et boutonneux au Séminaire de Trois-Rivières.

—Monsieur le curé, quand il sera en âge, je lui trouverai une fille de bonne maison, instruite, capable d'écrire ses lettres et de tenir ses livres.

Le curé Rondeau, dont la belle veuve était le premier péché, commença à répandre la rumeur qu'elle était ruinée. Il le fit d'abord avec hésitation, puis avec un semblant de vérité, quand Marguerite, au cours d'une visite, lui dit qu'il ne fallait pas toujours se fier à l'état civil.

—Comment donc?

Elle lui répondit simplement que son fils, porteur du nom des Cossette, était l'enfant de l'ancien curé de Saint-Thuribe.

— Ah! quel poète c'était! Songez un peu à ce qu'il
pensait lorsqu'il écrivait ce quatrain:

> J'ose à présent, ô ciel, d'une vue assurée,
> Contempler les brillants de ta voûte azurée
> Et rire d'un mari qui n'a jamais foulé
> De ce palais roulant le lambris étoilé
> Qu'évoqueront pour toi les amours interdites.

Sur les entrefaites elle avait acheté la maison de
Louiseville. Le propriétaire du pont et de la terre se préci-
pita chez elle afin de lui en offrir un prix raisonnable.
Certain de l'avoir, il se fit rire au nez.

— Quoi! Madame, vous ne pourrez pas entretenir
ces deux maisons.

— Monsieur Massicotte, lui dit-elle, certes, j'irai
vivre à Louiseville, mais vous avez eu grand tort d'ajouter
foi à de fausses rumeurs et de prétendre vous emparer, pour
une bouchée de pain, d'une maison dont vous avez besoin.

— Je vous en offre un prix raisonnable.

Elle lui fit voir ses livres.

— J'en veux le double ou cette maison sera convertie en hôtel.

Elle eut le prix qu'elle demandait et le royaume de
Mithridate se trouva déménagé du village de Batiscan au
comté de Maskinongé. Le curé Rondeau, qui n'était pas
un imbécile et le montra à Sainte-Catherine, près de Québec, dit à Marguerite qui, l'œil un peu bridé, l'écoutait
d'un air ironique:

— Je rends grâce au ciel d'avoir rencontré une
femme intelligente sur mon chemin. Elle me préservera
des autres.

— Curé Rondeau, puisque je m'en vais, permettez-
moi de vous faire visiter la maison.

Il obtint les faveurs dont il avait rêvé. Quand ils redescendirent, il dit:

— Madame, je ne comprends plus rien. Avec vous, on va de contraire en contraire. M'avez-vous aimé?

— Jamais de la vie! répondit Marguerite en riant.

— Alors pourquoi?

— Pourquoi? Disons qu'il n'est pas bon pour la santé d'un homme de le laisser sur un regret. Et puis, il n'y a rien de désagréable à combler son désir.

Le curé Rondeau demanda:

— Si jamais on allait vous voir à Louiseville…

— On vous répondrait qu'on n'a pas à vous remercier deux fois. Quittons-nous bons amis, voulez-vous?

Il la quitta en sus bon curé et ne chercha plus à tromper Dieu et la Vierge avec une autre femme.

— Marguerite, lui dit-il, je suis un imbécile. Je n'attendais plus rien de vous et vous me laissez un souvenir impérissable des lambris étoilés de ce palais roulant qu'au ciel seulement…

Elle lui dit en souriant, l'œil un peu bridé: «Curé Rondeau, contentez-vous de prier pour moi, la poésie ne vous va guère.»

Ils n'eurent jamais l'occasion de se revoir. À Sainte-Catherine, toutefois, quand il avait madame Garneau[88] au confessionnal et qu'il apercevait le mari de cette dame, artilleur de profession, montant la garde pour que personne ne pût entendre les menus péchés qu'elle avait ruminés, il pensait à Marguerite, l'œil bridé, imperturbable, tellement différente de cette fofolle qui, se prenant pour une seigneuresse, se délectait de ses niaiseries. Elle avait été sa seule aventure, ce qui pour un membre du clergé, qui n'est pas pédéraste et ne se tortille pas sur lui-même, obsédé parce qu'il n'a jamais fait et se sent incapable de faire, est un exemple de vertu. Il ne retrouverait jamais ce qu'il avait obtenu à Batiscan. Il ne voulait pas se diminuer. Le langage franc, le verbe haut, il ne s'effarouchait même pas des effarouchées, telle cette dame Garneau à qui il parlait toujours fort. «Que voulez-vous, disait-il, je suis sourdaud. Le secret de la confession avec moi est très écho.» La dame regrettait le jésuite chuchotant, son directeur de conscience montréalais, et ne recourait à lui que le moins possible. C'était déjà trop, mais il parvenait à la souffrir parce que par contraste elle lui rappelait son magnifique péché.

«Quand il sera en âge», avait dit Marguerite. La question était de savoir quand il le deviendrait, Armour, son fils qu'elle aimait et à qui, malgré quelques passades, elle fut fidèle. S'il n'en avait tenu qu'à elle, cet âge, elle l'aurait remis durant un siècle. Bien nourri, il manifesta une virilité précoce. Sa mère lui recommanda de ne point se priver.

— Je boirai une bouteille de porto à chacune de tes nouvelles conquêtes. Tu sais que j'aime le porto. Comme tu vois, ta mère ne se met pas en travers de ton chemin. Seulement je te demanderai deux choses: la première, de savoir que tu es assez beau garçon pour n'avoir pas à payer autrement que de ton corps... À propos, pourquoi ne chasserais-tu pas la femme mariée? Elle a de l'expérience, tu auras le plaisir de tromper un autre homme et si l'on devient enceinte, personne ne te forcera au mariage, mon fils.

Le chanoine Élias Tourigny s'était peut-être trompé en lui donnant l'absolution sans entendre ses péchés. Pour servir le pape de Rome, un peu de paganisme ne nuit pas, mais Marguerite en mettait trop; fut-elle jamais chrétienne? À son fils, elle ne ménagea pas sa tendresse. Mithridate II s'était mis en chasse, moins par affection pour le féminin que pour ne pas être incestueux, ce qui lui donnait la main leste et l'humeur impérieuse. Il trouva beaucoup dans l'adultère. Après tout, le mariage est un sacrement! Quand il commença à s'en blaser, il pensa à la deuxième exigence de sa mère qu'il avait oublié de lui demander. Elle la lui apprit, c'était la suivante: il la laisserait lui choisir une épouse. Entre temps, il se faisait une réputation de forcené, de coureur au grand galop. Aucune comptabilité ne le retenait, étant donné qu'il ne payait que de son corps. Ce fut Marguerite qui, un jour, alors qu'il dépassait la trentaine, lui annonça qu'il était temps de se marier.

— Jusqu'à aujourd'hui, je t'ai entretenu. Tu as été raisonnable, ça n'a pas été à ton désavantage: tu disposeras d'une belle fortune pour t'établir et commercer.

— Comment voulez-vous que je fasse? Je signe à peine mon nom.

— Armour, tout est paré. Ton père n'a eu que Batiscan. Tu auras pour royaume le comté de Maskinongé. Tu épouseras Irène Lamy[89]. Son grand-père a déjà été député. J'ai transigé avec lui. Sa petite-fille, tu la connais: elle a un teint de blonde, une beauté délicate et elle est instruite pour deux.

— Elle est certainement belle, mais j'ai toujours entendu dire qu'elle se ferait ursuline.

— Elle deviendra ta femme.

— Mais ce n'est pas une fille pour moi!

Marguerite lui répondit, fâchée:

— Tu auras un togue, trois barges pour commencer. Deux cultivateurs sérieux, dont les granges sont bien en vue le long de la route nationale, n'auront pas à les chauler, cette année: on les leur peinturera et tous les passants pourront lire, blanc sur rouge: «Armour Cossette, négociant en grains et en foin.» Ta pauvre petite femme, en plus de coucher avec toi, aura peine à suffire à tes écritures. Dans le bas de Maskinongé, les bonnes familles ont trois filles à marier pour un garçon. Tu représentes pour Irène Lamy un parti inespéré, même si elle a une plume en or.

— Qu'est-ce que je connais au foin et à l'avoine?

— Tu n'as pas besoin de t'y connaître: ceux du pourtour du lac Saint-Pierre sont les meilleurs. Par les rivières, tu pourras charger au fronteau des terres et revendre soit du côté de l'Outaouais, soit du côté du Saguenay où sont les grands chantiers.

— Avec ce commerce-là, je ne serai jamais à la maison!

Marguerite lui caressa les muscles du bras.

— Voyons, mon grand, tu ne l'épouses pas, cette petite ursuline, pour la faire mourir au lit! Voilà près de quinze ans que tu cours: tu continueras; en même temps tu brasseras des affaires. Elle, de son côté, elle se remontera le sentiment. Vous vous serez utiles l'un à l'autre, c'est la meilleure façon de vous rendre heureux, tous les deux.

— Et toi? demanda-t-il à sa mère.

Alors il vit cette femme de cinquante ans se redresser, le feu dans le regard, l'œil bridé, la chevelure aussi abondante que dans sa jeunesse, même si elle avait commencé à blanchir, et elle restait belle et farouche.

— Moi? Est-ce que je ne t'ai pas aimé de mon mieux, Armour?

Soudain inquiète, elle lui demanda:

— Qu'as-tu à me reprocher?

Oh! il n'avait rien! Peut-être avait-il beaucoup couru, mais en vain, sans jamais rencontrer sa pareille. Il le lui dit. Elle se rengorgea, puis, pour cacher son plaisir, elle déclara qu'elle se sentait fatiguée.

— Armour, un cœur finit par s'user. Je t'aime encore mais j'ai besoin, je crois, de cette petite Lamy.

Elle savait comment lui parler, il la crut. Pourtant, le jour de son mariage, comme il s'éloignait en tenant précieusement le bras d'une fillette aux cheveux fins, châtain clair, que le soleil dorait, s'il s'était retourné, il aurait aperçu une femme aux cheveux de crin qui avait fini de blanchir, au visage dur, aussi beau que tragique; il aurait vu sa mère qui ne voulait plus vivre et ne savait pas comment mourir, sa mère qui ne tenait que par fierté, à qui on parlait et qu'on ne comprenait pas car elle se parlait déjà; elle pensait qu'elle était bâtie pour vivre jusqu'à cent ans; elle pensait, accablée par toutes ces années de trop, ces années d'enfer, qu'il lui fallait un accident, un éclair, un coup de foudre qu'elle n'entendait pas car elle se parlait, elle disait: «Qu'on me coupe les seins comme à l'idole, qu'on me brûle comme le *Saint-Élias*, en commençant par l'ange de proue aux ailes déployées car je suis maudite, j'ai commis un sacrilège en couchant avec un pauvre garçon qui savait des poèmes et pour lequel je n'avais pas plus de considération, malgré mes feux et mon emportement, que pour un étalon, j'ai eu de lui un fils que j'ai nommé comme lui et qui ne fera jamais rien de bon.» Elle pensait à son mari dont elle avait obtenu tout ce qu'elle voulait et à qui elle disait: «Venge-toi, Philippe, je t'ai trahi: ce fils que tu as tant aimé, il n'était pas de toi, tout le monde le sait, venge-toi.» Et Philippe Cossette, cet homme qu'elle avait connu plus que tous les autres, car, cocu ou non, c'était son mari, Philippe Cossette lui souriait et la remerciait d'avoir pris sur elle tous les moyens de le rendre heureux, de l'avoir cocufié, merci! merci! En même temps, elle ne se rendait pas compte qu'elle pleurait doucement, à longues larmes; elle crut qu'il pleuvait, qu'elle ne serait pas foudroyée car l'éclair qui tue survient avant la pluie, qu'il pleuvait par un jour radieux où la petite Lamy semblait avoir les cheveux

blonds, où son fils Armour s'éloignait sans penser à se retourner pour voir sa mère pleurer… Quand elle s'en rendit compte, elle n'en éprouva même pas de honte. Autour
d'elle, on parlait, on parlait, mais elle n'entendait pas ce
qu'on disait parce qu'elle se parlait déjà à elle-même,
qu'elle disait qu'il lui fallait un accident, qu'elle vivait de
mourir, que c'était intolérable, qu'elle ne voulait plus
comprendre rien à rien, elle, la dame des six nations, qui
ne s'était jamais étonnée de rien, même de ne pas comprendre. Maintenant elle s'étonnait que ce fût à ce point
intolérable, de ne pas comprendre, de ne pas être foudroyée, de ne pas avoir les ailes et les seins coupés, idole
barbare, ange du *Saint-Élias*… C'était intolérable, pourtant elle vivrait jusqu'à cent ans. Elle pleurait par un jour
radieux, elle s'étonnait d'avoir attendu un accident
qu'elle avait voulu, qu'elle ne voulait plus car elle ne
voulait pas troubler son fils Armour et la petite Lamy qui
trouveraient bien moyen d'être malheureux sans elle.
C'était intolérable. Elle pleurait doucement sur eux, sur le
monde qui, après tout, n'était pas seulement à elle, même
si elle était la dame de six nations. Et elle se mit à sourire
au milieu de ses larmes pendant que de tous côtés on
avait cessé de parler et que des mains se tendaient pour la
congratuler.

CHAPITRE XII

On ne saurait finir dans le passé car le temps n'a qu'un mouvement; il vient du passé, passe par le présent et va vers l'avenir. On ne remonte pas à l'ancien, on en repart et l'on rejoint sous l'aiguille de la montre les gens de peu de mémoire qui ne sont que des animaux. Cependant Marguerite devenait une très vieille femme; elle vivait seule dans une maisonnette de l'autre côté de la rivière du Loup, tel un oiseau sagace et muet dans une cage de bois. Quand son petit-fils venait la voir, il lui semblait qu'elle était restée dans un pays qui avait été et serait devenu mythique, dans un pays au-delà des montagnes, semblable à celui que son maître Samuel Butler, obligé de séjourner à Montréal, alors ville putain des chemins de fer, aujourd'hui des parkings et du pétrole sulfureux, avait nommé Erewhon. Ce petit-fils ressemblait beaucoup à son grand-père naturel et croyait tout tenir de sa mère, Irène Lamy, parce qu'il avait hérité de la plume d'or dont elle s'était servie pour inscrire dans de grands livres le nombre de minots d'avoine et de bottes de foin dont son mari avait fait le commerce entre les deux guerres. Il disait à sa grand-mère: «Quand je viens te voir, il me semble que ce n'est pas assez, qu'il me faudrait aussi passer des montagnes.» Marguerite Cossette, la vieille dame des six nations, lui souriait. Parfois, elle lui disait: «Le vent passe. S'il n'est pas pris, il sera perdu... Si tu traversais les montagnes, tu pourrais repartir sur le *Saint-Élias*.» Il lui souriait, se demandant parfois si elle ne déparlait pas. Il ignorait jusqu'à l'existence de ce trois-mâts. Par contre il connaissait le sobriquet qu'il tenait de son grand-père légitime, sobriquet lancé du haut de la chaire de Batiscan par celui qui allait sous peu devenir son grand-père naturel. Ça, il ne le savait pas. Par contre il se complaisait au royaume que le nom de Mithridate III évoquait.

De ce côté-ci des montagnes, on continuait de construire des engins de feu et d'accélérer leur vitesse en brûlant les ressources de la terre, de la même façon qu'on avait ravagé la grande forêt de bois d'œuvre au nord du Saint-Laurent. C'était par cupidité, on ne s'en cachait pas. Maintenant on prétend faire le bonheur de l'humanité alors qu'on devient de plus en plus conscient du contraire, que la cupidité toujours présente, plus répandue, n'engendre que bruits et fureurs. Des fous ont cru naguère être des surhommes. C'est une prétention que l'homme ne peut souffrir. Pourtant ces surhommes ne l'étaient qu'en paroles. Maintenant ils le sont par l'équipement. Ils ruinent le monde, ils vivent à même l'héritage des enfants et savent que le désastre qu'ils préparent de longue main, surviendrait dans quelques années s'ils répandaient leur équipement sur tous les continents. Ils sont devenus surhommes dans les faits, par leur gaspillage qu'ils nomment consommation, et sont autrement plus dangereux que les fous qui ne l'étaient qu'en parole car ils peuvent tenir des propos mensongers. Et tout doucement, à cause d'eux, une grande mutation s'est faite, qui changera toutes les mythologies: la nature, de mère toute puissante qu'elle était, devient la fille de tous les hommes. C'était peut-être ce que le vicaire Armour Lupien entendait lorsqu'il disait dans la chaire de Batiscan, en usant de termes masculins: «En vérité, je vous le dis, c'est le Fils, mourant sur le Calvaire, qui engendre le Père et commence le règne de Dieu…» À peu près au même temps, Samuel Butler, dans la ville de Montréal, songeait au livre qu'il intitulerait: *Erewhon* ou *De l'autre côté des montagnes*.

Le fils que Marguerite avait élevé dans l'ignorance et le bonheur, couvé le plus longtemps possible avant de le donner à la petite Lamy, dont elle avait fait un bel homme puissant et brutal, ce fils, après avoir mené grand train, fabriqué des maires et des députés comme des mottes de beurre et des crottes de fromage, fait danser les curés, la soutane troussée, car à cette époque bénie de Dieu, où le pouvoir ecclésiastique était devenu fou, la fortune n'en restait pas moins le plus grand des sacrements, ce fils bien-aimé s'était ruiné — il n'en pouvait être autrement quand on s'obstine au foin et à l'avoine[90] à l'ère du pétrole et des tracteurs. Par ailleurs, sa femme aux cheveux fins, châtain clair, que le soleil dorait, ne lui avait pas résisté longtemps et, sans écritures, sans livres, ignorant et présomptueux, il n'avait plus eu que son humeur pour comptabilité. La boisson blanche l'aida à se consoler de son deuil; elle ne lui fut d'aucune utilité dans sa banqueroute. Il s'était mis à voir des croix noires. Toute sa brutalité se retournait contre lui. Il n'aurait eu qu'à traverser la rivière, sa mère l'attendait. Il ne la traversa pas, lui en voulant d'avoir fait de lui un grand baron barbare. C'est vers sa femme qu'il se tournait, cette petite Lamy avec laquelle il avait essayé d'être délicat, qu'il n'avait pas réussi à rendre heureuse, dont la croix noire se dressait parmi les autres qui l'entouraient, au pied desquelles sautaient de vilains crapauds. On l'enterra. La valériane et les bromures[91] multiplièrent les croix. Il ne put bientôt

plus y reconnaître celle de sa femme. Il courait de l'une à
l'autre sous le regard d'une grande idole à l'œil bridé. On
dut lui mettre la camisole de force; il y mourut. Son fils
venait d'être reçu médecin. Il ressemblait à son grand-
père naturel et exerça l'art de son parrain, le docteur Fauteux. C'est lui qui venait voir Marguerite dans sa maisonnette, de l'autre côté de la rivière du Loup. Il lui parlait,
elle l'écoutait d'un air sagace; il n'était pas sûr toutefois
qu'elle l'entendait.

Le royaume des Mithridate, suscité par un sobriquet, avait été accepté par les Cossette comme une manière de fantaisie et aussi parce qu'ils étaient domi-
nateurs, parce qu'ils se refusaient à parler l'anglais et ne
pouvaient souffrir les Romains dont le flegme leur semblait de l'ineptie. De Batiscan au comté de Maskinongé,
de ce comté à tout le pays, leur royaume s'était agrandi.

— Pourquoi ne serais-je pas roi? s'était demandé
Mithridate III, mais, le premier de sa dynastie, parce qu'il
n'était pas riche, n'avait pas un suréquipement d'Améri-
cain, parce qu'il faisait des livres durant ses loisirs, il
avait accepté de l'être.

— J'écris et je refais la réalité de mon pays à mon
gré — ce n'est pas un privilège: tout le monde apprend à
écrire. Le faire, c'est user d'une liberté d'expression
comme celle de parler. Peu en usent parce qu'il est plus
facile de parler. On écrit seul comme un roi.

Un jour, Marguerite lui demanda:

— Tu es roi de quoi?

— Je suis roi d'un pays incertain.

— Moins réel que Batiscan, que le comté de Maskinongé? Et tu as un fils qui sera roi d'un plus grand
royaume?

Marguerite répondit pour lui qu'il serait assurément
roi du monde.

— Le royaume des Mithridate s'agrandit de défaite en défaite. Le monde, hein? quel désastre!

— Mon fils est encore petit, je ne lui ai rien dit de tout cela. Roi du monde et puis après? S'il n'en sait rien…

Alors Marguerite dit:

— Il n'y aurait qu'une façon pour ce pauvre petit homme de prendre possession du monde, allant de pays en pays sur les eaux qui sont à tous et à personne: ce serait de retourner à Batiscan. Il y a, le long de la rivière, dans une anse près de l'embouchure, un trois-mâts qui l'attend, ayant comme figure de proue un ange aux ailes déployées. Il n'a pas d'autre façon d'échapper à son désastre. Le voilier se nomme le *Saint-Élias*.

ANNEXES

NOTICE

Dans une entrevue qu'il accordait en 1983, la dernière sans doute avant son décès, Jacques Ferron avouait bien humblement que «Le pas de Gamelin», dans sa forme initiale, «était un livre de fou».

> Les livres précédents, ajoutait-il, étaient différents. Je faisais un livre, je le remettais à l'éditeur. On le prenait tel qu'il était. Je n'ai jamais eu de conseils de qui que ce soit. Ça se comprend un peu parce que j'ai commencé à publier à compte d'auteur et ensuite j'avais une manière telle que les éditeurs ne me demandaient jamais de reprendre quoi que ce soit. Pourtant plusieurs manuscrits auraient pu être corrigés[1].

---

1. Jacques Pelletier et Pierre L'Hérault, «L'écrivain est un cénobite», *Voix et images*, 1983. Ferron avait déjà précisé davantage cet aspect quelque peu «échevelé» de ses manuscrits dans une lettre à Pierre Cantin, le 31 juillet 1971: «J'ai toujours écrit trop vite, ensuite je veux tout corriger...» Et dans une autre lettre, le 7 avril 1974, il ajoutait: «Il y a toujours des fautes dans mes affaires! Je n'ai pas prévu ma carrière dans tous ses détails, seulement concertée en sourdine, si je puis dire, quitte à ne livrer jamais un produit parfait...» (voir aussi sa lettre du 27 novembre 1973 à John Grube, reproduite dans *Une amitié particu-*

Un examen, même rapide, du manuscrit du «*Saint-Élias*» confirme cette déclaration de «l'admirable docteur». Il est évident qu'il ne s'est guère attardé à une révision systématique de son texte car il y a laissé de très nombreuses fautes qui n'ont rien de coquilles. Pour la plupart, ce sont des fautes d'inattention qu'une relecture aurait facilement corrigées. Ce sont les erreurs d'un auteur qui écrit vite, celles d'un bon conteur, emporté par le rythme de son imagination, tout au plaisir de conter, de commenter, persuadé que l'éditeur effacera les peccadilles qu'il a laissé traîner, ici et là, dans un texte rédigé d'un seul jet, fébrilement, sans pause aucune. Non sans raison d'ailleurs, puisque la majorité des fautes aura disparu, une fois le livre imprimé.

Ces fautes nombreuses ne sauraient atténuer en rien l'élégance du style et la profondeur du propos auxquelles l'auteur nous avait habitués. Le manuscrit s'est avéré fort utile pour la toilette du texte de 1972, recomposé pour la présente édition. Peu de corrections ont été nécessaires: reconstruction d'une phrase boiteuse, ajout de quelques signes de ponctuation, réorganisation de certains paragraphes,

---

lière, p. 83-85.) Il était tellement peu intéressé par ce travail de révision et de correction, une fois le manuscrit terminé, qu'il est allé parfois jusqu'à laisser cette étape à un ami. Ce qui lui a peut-être joué de mauvais tours. Certaines décisions, souvent unilatérales, de la part de ses éditeurs ont pu également nuire à la qualité du produit fini. La «notice» de présentation de la quatrième édition de *L'Amélanchier* précise que Ferron, insatisfait de la plupart de ses ouvrages de fiction, avait entrepris de les réviser. Il avait amorcé ce travail avec *La Nuit* et *Papa Boss*. Voir à cet effet l'article de Pierre Cantin, «*Les Confitures de coings et autres textes*», dans le *Dictionnaire des œuvres littéraires du Québec*, t. V, p. 173.

uniformisation de l'emploi de la majuscule — en respectant la coutume ferronienne en cette matière, principalement dans les apostrophes à l'intérieur des dialogues —, rectification de la graphie de quelques patronymes et toponymes à la lumière d'autres textes de l'auteur. La présente édition, tout comme celle de *L'Amélanchier* et celle des *Roses sauvages*, parues chez VLB éditeur, dans la collection «Courant», n'a pas la prétention d'être une édition critique que *Le «Saint-Élias»* mériterait cependant.

❏

Lancé le 11 octobre 1972, *Le «Saint-Élias»* semble n'avoir connu qu'une seule édition, celle des Éditions du Jour, dans la collection «Les Romanciers du Jour». Le chapitre II du roman reprend, en les remaniant, deux historiettes[2] déjà publiées dans *L'Information médicale et paramédicale*: «Après les Bastonnais, les Allemands», le 4 juillet 1967, et «Le régiment de Ried[e]sel», le 19 septembre 1967. Un court extrait du chapitre X paraîtra le 2 décembre 1972 dans le quotidien *La Presse*. Traduite par Pierre Cloutier en 1975, l'œuvre sera éditée à Montréal par Harvest House, sous le titre *The «Saint Elias»*; John Grube, l'un des correspondants assidus de Ferron, y trace un bref portrait de l'écrivain.

---

2. «Il y a deux thèmes que j'ai voulu apprivoiser depuis assez longtemps, celui de Faust et celui de Mithridate. C'est dans ce but que je m'étais livré à une petite falsification des Mémoires de la générale allemande. Je comptais m'en servir et l'ai fait, comme vous l'avez noté. L'idole peule ou peuhle est purement imaginaire (du moins dans le roman, car j'en possède une à la maison).» (Lettre de J. Ferron à P. Cantin, le 16 novembre 1972.)

❏

Le roman est dédié à Clément Marchand, né en 1912 à Sainte-Geneviève-de-Batiscan, imprimeur, poète et éditeur, le premier à accueillir un texte de Ferron, en 1939, dans une revue destinée au grand public[3]. Quarante ans plus tard, l'éditeur trifluvien publiera son *Gaspé-Mattempa*, récit largement autobiographique, précédé d'une lettre que Ferron lui adressait.

Marchand ne fut pas le premier à qui Ferron dédia son roman: sur le manuscrit, il a biffé une première dédicace qui se lisait ainsi:

À monsieur Émile Trépanier, Pagnol de Saint-Tite, autrefois mesureur de bois et compère de Maurice Bellemare[4], naguère épicier et échevin à Montréal-Sud, aujourd'hui rentier et mon ami.

---

3. Ferron lui avait expédié un sonnet, «Le reproche du duc de Montausier», qu'il avait signé Jacques Fréron. Marchand le publia en novembre 1939, dans l'ultime livraison d'*Horizons* dont il était l'éditeur. (Voir Pierre Cantin, «Un sonnet de Jacques Ferron» dans *Revue d'histoire littéraire du Québec et du Canada français*, 1986, p. 135-137.) Les deux Mauriciens d'origine se sont cependant connus beaucoup plus tard. À la fin d'avril 1972, ils s'étaient revus à Trois-Rivières où Ferron s'était rendu prononcer une conférence devant des confrères médecins. Cette rencontre eut donc lieu quelques semaines avant que le médecin-conteur n'entreprenne la rédaction de son *«Saint-Élias»*.
4. Politicien coloré, surnommé le «Vieux Lion», Maurice Bellemare (1912-1989) fut, en 1976, le dernier des collaborateurs de Maurice Duplessis à se faire élire à l'Assemblée nationale sous la bannière de l'Union nationale. Il fut député de Champlain à Québec de 1944 à 1970 et de Johnson, de 1974 à 1977.

❑

Kamalmouk, à qui s'adresse les propos de l'épigraphe, est le personnage principal d'un roman de Marius Barbeau (1883-1969), anthropologue, folkloriste et écrivain, *Le Rêve de Kamalmouk*. C'est «le seul livre poétique, écrit Ferron, qui rende compte de ce fait fondamental, le conflit des civilisations européenne et canadienne [...] C'est le plus beau livre de notre littérature [...] Un grand livre dont on ne parle jamais parce que sa beauté est d'une infinie tristesse[5].» La conclusion du testament du chanoine Tourigny, citée au chapitre X, reprend les deux phrases de cette épigraphe qui ne proviennent pas du roman de Barbeau: la première y est reprise textuellement, la seconde, en substance.

---

5. «Trois dictons et Trois-Pistoles», dans *Escarmouches*, t. 2, p. 73. Ferron reprend, à quelques reprises, les louanges de ce livre publié d'abord en anglais, puis en français en 1948, à Montréal, chez Fides, dans la collection «Le Nénuphar». Il le place sur le «premier rayon de notre bibliothèque» (Lettre à P. Cantin, 1er septembre 1972), avec trois autres ouvrages: *L'Habitant de Saint-Justin*, de Léon Gérin (Montréal, PUM, 1969); *L'Homme et l'hiver au Canada*, de Pierre Deffontaines (Paris, Gallimard, 1957) et *Le Canada français. Province de Québec. Étude géographique*, de Raoul Blanchard (Montréal, Arthème Fayard, 1960).

NOTES

1. Sainte-Anne-de-la-Pérade, Champlain et Batiscan font partie de ces «localités riveraines du fleuve entre Trois-Rivières et Québec qu'on appelle si joliment "les Paroisses du Bord de l'Eau"». (Raoul Blanchard, *Le Canada français. Province de Québec. Étude géographique*, Montréal, Arthème Fayard, 1960, p. 36.)

2. Dans le langage populaire québécois, cette expression, *les vieux pays*, regroupe l'ensemble de l'Europe, plus particulièrement la France, l'Angleterre et l'Italie, destinations habituelles des Québécois voyageant outremer jusqu'aux années soixante.

3. Le titre original du roman, «Mithridate III», biffé sur le manuscrit par son auteur, donne à penser que le choix de certains prénoms, patronymes et sobriquets est loin d'être gratuit. Plusieurs corrections du manuscrit autographe semblent démontrer que Ferron a hésité à quelques reprises entre la forme hébraïque *Élias* et la forme française *Élie*, un prénom quelque peu symbolique référant sans doute au célèbre prophète de l'Ancien Testament. Plusieurs personnages de l'Ancien Testament sont appelés *saints* chez les catholiques.

Le nom donné au capitaine du *Saint-Élias* n'est pas sans rappeler son homonyme, Pierre Maheu (1939-1979), qui fut le directeur fondateur de la revue *Parti pris* et son principal animateur (voir «*Parti pris* a eu lieu, c'est déjà beaucoup», *La Barre du jour*, hiver 1972). Après l'aventure Parti pris, il fut, entre autres, producteur de films et réalisateur à l'Office national du film. Après sa mort, on réunit ses écrits en un volume, *Un parti pris révolutionnaire*, qui parut justement chez Parti pris (collection «Aspects», 42), en 1983.

Les caractéristiques du quêteux évoqué au chapitre VII, *un insatisfait du nom de Trudeau* qui manquait de savoir-vivre et de talent et qui *n'était bon qu'à faire peur*, pourraient fort bien s'appliquer à Pierre Elliot Trudeau, maintes fois dénoncé et ridiculisé par Ferron qui le comptait parmi les organisateurs du grand théâtre d'Octobre 70 durant lequel le premier ministre canadien avait érigé la «terrorisation sociale [...] en système» («*Da Nobis*», *Escarmouches*, t. 1, p. 165).

L'allusion, dans cette même scène, à l'évêque Gérard Bessette, «célèbre cousin» du charretier Bessette, «qui avait son diocèse dans l'Ontario» [variante du manuscrit, f. 84], est sûrement l'occasion pour Ferron de se moquer — un peu — de l'écrivain du même nom, qui fut professeur de littérature à l'université Queen's, à Kingston. Ferron signale qu'elle fut un temps «une institution presbytérienne où l'on n'entrait qu'après avoir mis la main sur la *Holy Bible*» («Saint Gérard Bessette», *Le Maclean*, octobre 1971, p. 57). Les deux écrivains ont été des amis; Ferron s'est même rendu à Kingston pour assister au mariage du professeur, en août 1971. Ils se brouillèrent et, en 1972, Bessette jugera sévèrement la production romanesque récente de Ferron. Dans un roman, *Le Semestre* (Montréal, Québec/Amérique, 1979), Bessette mettra en scène un «pauvre toubib désaxé», le docteur Jack MacFerron, qui avait inondé «le marché d'une série de romans indigestes».

Un dernier détail sur les patronymes: au chapitre IV, quand le curé de Batiscan demande à son vicaire d'abréger son sermon, Ferron commet un lapsus au moment de la rédaction du livre: apparaît, dans le texte du manuscrit, le patronyme *Racicot*, à la place, bien sûr, de *Tourigny*.

4. *Mgr Charles-Olivier Caron* est le grand-oncle d'Adrienne Caron (1899-1931), la mère de l'auteur. Né à Yamachiche, en 1816, il fait son cours classique au Séminaire de Nicolet, de 1832 à 1837. Il y est ensuite étudiant en théologie en même temps que professeur. Ordonné prêtre le 27 août 1842, il est nommé vicaire à Trois-Rivières. En 1844, il revient à Nicolet où il est professeur jusqu'en 1849, alors qu'on lui confie la cure de Saint-Prosper. L'année suivante, il est de retour à Nicolet, cette fois-ci à titre de préfet des études, poste qu'il occupe jusqu'en 1858. De 1871 à 1880, il est supérieur du Collège de Trois-Rivières, devenu en mars 1874 le Séminaire Saint-Joseph. Il décède en 1893, au couvent des ursulines de cette ville dont il était le chapelain depuis 1857. Cette même année, il avait été nommé vicaire-général et, le 15 décembre 1891, le pape l'avait créé «protonotaire apostolique», un titre ecclésiastique purement honorifique. Charles-Olivier Caron n'occupa jamais le poste de supérieur du Séminaire de Nicolet; c'est Thomas Caron (Rivière-du-Loup en haut 1819-Nicolet 1878), son cousin, qui exerça cette fonction, à trois reprises, à compter de 1855, et durant dix-sept ans, après avoir pris la relève de Charles Harper (1800-1855).

Que Caron ait *déjà eu le pas sur Sa Grandeur* Laflèche pourrait s'expliquer de la manière suivante: lorsque Laflèche revint de l'Ouest, en 1856, pour enseigner
les mathématiques au Séminaire de Nicolet, son ami
Charles-Olivier Caron y occupait le poste de préfet des
études. Il se trouvait donc, en quelque sorte, le supérieur
immédiat de son futur évêque. Autre explication plau-
sible: le 17 décembre 1857, Mgr Thomas Cooke (1792-
1870), premier évêque de Trois-Rivières, nomme trois
vicaires-généraux qui sont tous du Séminaire de Nicolet.
Il s'agit, dans l'ordre, des abbés Thomas Caron, supérieur, Charles-Olivier Caron, préfet des études, et Louis-
François Laflèche. Quelques mois plus tard, ce dernier
remplacera Charles-Olivier Caron, parti défendre, en
Europe, les intérêts de son institution que l'on veut démé-
nager à Trois-Rivières. Dans l'«Appendice aux *Confitures de coings*», cependant, Ferron, parlant de l'adula-
tion et de l'amour dont Caron était l'objet de la part des
ursulines, écrit: «... on peut trouver là l'explication du
fait que Mgr Charles-Olivier, mieux en place que Mgr Laflèche, se soit laissé devancer par lui et ait accepté d'être
son second: il avait trouvé, au milieu des dames ursulines, son accomplissement» (p. 167, édition de 1990).
Une dernière explication, d'ordre temporel, pourrait
s'ajouter, l'ancienneté au sein du clergé diocésain: Charles-
Olivier et Thomas Caron avaient été ordonnés prêtres
quelque dix-huit mois avant Laflèche.

5. L'*illustre* Jean-Baptiste-Antoine *Ferland* (1805-
1865), «esprit éclairé, juste, prudent, avec une teinte
d'humour, homme extraordinaire et méconnu» («Le refus»
dans *Escarmouche*s, t. 1, p. 44), fut le premier professeur
d'histoire du Canada à l'Université Laval où il fut également doyen de la faculté des Arts. Il est l'auteur de plu-

sieurs ouvrages dont un *Cours d'histoire du Canada* (*Première partie, 1534-1663*, Québec, Augustin Côté, 1861; *Seconde partie, 1663-1759*, Québec, N. S. Hardy, 1882). Au Collège de Nicolet, où il exerça une grande influence sur le futur évêque Laflèche, il fut tour à tour préfet des études de 1841 à 1843, directeur et préfet de 1843 à 1848 et supérieur de 1848 à 1850. De fait, il fut remplacé à ce dernier poste par Charles Dion (1801-1870).

6. Louis-François Richer dit *Laflèche* (1818-1898) est né à Sainte-Anne-de-la-Pérade d'un cultivateur aisé, Louis-Modeste Laflèche, et d'une métisse de l'Ouest, Marie-Anne Gastineau. Après ses études au Séminaire de Nicolet, il est ordonné prêtre le 4 janvier 1844. Il part aussitôt pour le Manitoba où il demeurera jusqu'en 1856. Il revient au Séminaire de Nicolet à titre de professeur d'abord, puis de préfet des études. Il en devient supérieur en 1859. En 1861, (1857 selon d'autres sources), le premier évêque de Trois-Rivières, Thomas Cooke, le nomme vicaire-général. En 1870, il devient le deuxième évêque du diocèse.

Laflèche passera à l'histoire comme le modèle de l'ultramontain intransigeant, prônant la soumission des pouvoirs civils à celui de Rome. Il n'hésitera pas à s'ingérer dans la politique et l'éducation. Détail intéressant: devenu évêque, Laflèche réclamera la fermeture du Séminaire de Nicolet, son *alma mater*. Paradoxalement, les décisions de Rome seront généralement favorables à son principal adversaire, l'évêque de Québec, Elzéar-Alexandre Taschereau (1820-1898). Laflèche a exposé sa vision des relations entre l'Église et l'État dans un ouvrage intitulé *Quelques Considérations sur les rapports de la société civile avec la religion et la famille* (Montréal, Eusèbe Sénécal, 1866).

7. Fondée en 1714, *Rivière-du-Loup*-en-haut fut érigée en paroisse (Saint-Antoine-de-la-Rivière-du-Loup) en

1833. Elle devint Louiseville en 1879. Ce changement de nom voulait honorer la princesse Louise, quatrième fille de la reine Victoria et épouse du marquis de Lorne, gouverneur général du Canada de 1878 à 1883.

8. *Machiche* est l'une des nombreuses graphies, près d'une quinzaine, relevées dans les actes notariés et d'autres documents, pour désigner Yamachiche.

9. Emmanuel *Crespel* (1703-1775), ce *pieux capucin*, était un récollet originaire de France. Il y fut rappelé en 1736, mais le navire sur lequel il s'est embarqué, *La Renommée*, piloté par le capitaine Joseph Damours de Freneuse, pourtant de longue expérience, s'échoue le 14 novembre, près de l'île d'Anticosti. Crespel est l'un des six survivants. Il raconte son naufrage dans huit lettres à son frère Louis, en 1742. Ce dernier les publie la même année, à Francfort-sur-le-Main, sous le titre *Voiages du R. P. Emmanuel Crespel, dans le Canada et son naufrage en revenant en France*... L'œuvre connut plusieurs rééditions et fut traduite en allemand et en anglais. Reprise ici dans des périodiques, en 1808, en 1832 et en 1851, elle paraîtra en librairie (Réédition-Québec) en 1968.

10. Écrivain prolifique, François Alexis Hubert *LaRue* (1833-1881) fut le premier docteur en médecine de l'Université Laval où il enseigna par la suite. Le récit auquel Ferron fait allusion a paru en 1866 dans *Le Foyer canadien* (p. 34-36), sous le titre «Un naufrage dans le golfe Saint-Laurent», et fut repris dans le premier volume des *Mélanges historiques, littéraires et d'économie* (Québec, Garant et Trudel, 1870). Il raconte le naufrage de la goélette *Sir John Goldenspring*, sur les côtes de Terre-Neuve, en décembre 1833.

11. «Certains auteurs ont émis l'hypothèse que le toponyme *Anticosti* serait d'origine espagnole, *ante* et *costa* signifiant avant la côte. En mic-mac, *Natigosteg* signifie *terre avancée*.» (*Itinéraire toponymique du Saint-Laurent, ses rives et ses îles*, Québec, Ministère des Communications, collection «Études et recherches toponymiques» 9, 1984, p. 275.) En montagnais, le mot *Natiscotec* veut dire *lieu de chasse à l'ours*. Le cinéaste Bernard Gosselin a repris cette ancienne appellation pour son film *L'Anticoste* (Office national du film, 1986), consacré à la biographie de Henri Menier (1853-1913), un riche industriel français qui acheta l'île en 1895. Une compagnie américaine, la Wayagamack Pulp and Paper, en fit l'acquisition en 1926.

12. L'abbé *Surprenant*, «le premier de nos ethnologues à choisir pour terrain de chasse la Grande-Bretagne, un pays confortable...» («Le Chichemayais», dans *La Conférence inachevée*, p. 106-107), est une exquise invention de Ferron. Ce personnage apparaît dans une vingtaine de textes et se prononce avec une assurance déconcertante sur les sujets les plus divers: histoire, sociologie, psychanalyse, littérature. C'est dans ses propos que son créateur glisse ses propres théories et opinions, et, quelquefois, ses «emprunts». (Voir entre autres «L'abbé Surprenant», dans *Historiettes*, p. 20-22 et le chapitre 31 du *Ciel de Québec*).

13. Les *Malouins* sont les habitants de Saint-Malo qui étaient de vaillants navigateurs. De façon générale, le nom était donné aux Français venus pêcher sur la côte canadienne.

14. Le nom de *Bastonnais* avait été donné par les Canadiens aux Américains insurgés pendant la guerre d'Indépendance (1776-1783).

15. À *Saratoga*, le 16 octobre 1777, l'armée anglaise, conduite par le général John Burgoyne (1723-1792), subit une défaite désastreuse et dut se rendre au vainqueur, le général Horatio Gates (1728-1806). Cette victoire des Américains fut très importante puisqu'elle accéléra la reconnaissance diplomatique des États-Unis par la France et son alliance militaire.

16. Le baron Friedrich Adolphus von *Riedesel* (1750-1800) fut envoyé en Amérique par le gouvernement britannique afin de mater les rebelles américains. À la tête du régiment prêté par le duc de Brunswick, formé de mercenaires allemands, très recherchés à une époque où chaque armée était composée en grande partie de soldats de métier, il participa, entre autres, à la bataille du 11 octobre 1776 au lac Champlain entre les Américains, dirigés par Benedict Arnold (1741-1801), et les Britanniques, commandés par Guy Carleton (1724-1808). Ce fut une demi-victoire anglaise puisque Carleton refusa de poursuivre les troupes ennemies. Le terme «allemand» est ici une sorte d'anachronisme, puisque l'Allemagne, à cette époque, était formée d'un ensemble de petits États indépendants.

17. Friedeke Charlotte Louise, baronne de *Riedesel* (1746-1808) doit sa célébrité au fait qu'on lui prête l'introduction au Canada de la coutume du sapin de Noël, qui est, comme on le sait, d'origine allemande. Ses deux filles sont nées respectivement en 1780 et en 1782. Son journal et sa correspondance furent publiés en 1800. Traduits en anglais et édités aux États-Unis en 1827 et en 1867, ils furent réédités en 1965 (*Baroness von Riedesel and the American Revolution. Journal and Correspondance on a Tour of Duty 1776-1783*, Chapel Hill, University of North Carolina Press).

18. Pierre Maugue Garant de *Saint-Onge* (1722-1795) est le premier vicaire-général de l'évêque de Québec à Trois-Rivières. Il fut également l'aumônier du couvent des ursulines à Trois-Rivières de 1764 à 1789.

19. Jusqu'à la Conquête, en 1760, l'appellation *Canadiens* s'appliquait aux gens nés en Nouvelle-France, par opposition aux *Français* nés en France. Jusqu'à la Confédération, elle désignait les francophones; les anglophones, eux, étaient des *Anglais*, des *Canadians*. Par la suite, et jusqu'à la Révolution tranquille en 1960, on fera la distinction entre *Canadiens français* et *Canadiens anglais*. Depuis 1960, la population francophone du Québec se désigne par le terme *Québécois*. Le terme *Canadiens français* est réservé, en général, aux francophones vivant dans les autres provinces. Ferron va jusqu'à prôner l'usage du terme *Québecquois* «pour distinguer l'habitant de la ville de Québec».

20. Pour Jacques Ferron, le Québec, ce *pays incertain* (p. 150), est constitué de *provinces*: le Saguenay, la Gaspésie, l'Abitibi, la Mauricie («une province aussi romaine d'ailleurs que l'Irlande», *Le Salut de l'Irlande*, p. 94)… Aussi s'élève-t-il contre le fait que «nos cartes […] divisent le pays en comtés». Cela lui fait «un peu penser à celles de la France républicaine où les départements masquent les provinces» («Cartographie», dans *Escarmouches*, t. 1, p. 22). Le premier recueil de contes de Ferron, publié en 1962, porte un titre riche de sens, *Contes du pays incertain*.

21. *Nouillorque* est une transcription graphique volontairement dérisoire de «New York». Elle illustre bien les libertés langagières de Jacques Ferron. «Il n'y a que le peuple, écrit-il en 1959, n'en déplaise à l'Académie [fran-

çaise], qui sache inventer des mots.» («Les flows», *L'In-formation médicale et paramédicale*, 15 décembre 1959.)

Aussi trouve-t-on dans ses textes toutes sortes d'emprunts à la langue populaire, anglicismes ou canadianismes, qui avaient l'heur de lui plaire et qu'il dotait parfois d'une graphie française variable. Dans le présent récit, on rencontre trois termes anglais qui ont été francisés et dont la transcription est calquée sur la prononciation des francophones: *jobbeur* (p. 95, de *jobber*, «entrepreneur», «sous-traitant», dans l'industrie forestière, celui à qui une grande compagnie, détentrice de concessions forestières — des «limites», disait-on à l'époque—, confie la coupe du bois); *traques* (p. 130, de *track*, «voies ferrées») et *togue* (p. 143, de *tug boat*, «remorqueur», «toueur»). À d'autres occasions, Ferron reprend des termes sans en altérer la graphie; c'est le cas de *foreman* (p. 130, «contremaître», «chef d'équipe»), pourtant francisé dans *Le Contentieux de l'Acadie* en *foremane*; ç'avait aussi été le cas de *jobbeur*, orthographié ailleurs *djobbeur* et *d'jobbeur*.

L'auteur a aussi utilisé dans son roman des canadianismes dont le sens est donné dans le *Glossaire du parler français au Canada* (Québec, Presses de l'Université Laval, 1968), ou dans le *Dictionnaire des canadianismes de Gaston Dulong* (Montréal, Larousse, 1989): *berlot* (p. 82: une «voiture d'hiver faite d'une sorte de boîte oblongue plus ou mois profonde, posée sur des patins», — Dulong; «le plus simple [des traîneaux] est la caisse de bois montée sur deux madriers faisant patins; il s'agit d'une caisse étroite à deux places, c'est le *berlot* qui passe partout; dans le cas d'une caisse plus longue, pour quatre personnes et place de conducteur en avant, on obtient la *berline*» — Pierre Deffontaines, *L'Homme et l'hiver au Canada*, Paris, Gallimard, coll. «Géographie

humaine», 1957, p. 144); *enfirouaper* (p. 87, «tromper»,
«attraper» — d'autres sources soutiennent que le verbe
pourrait être une adaptation de l'expression anglaise *in
fur wrap*); *ramancheur* (p. 86: «rebouteur, guérisseur qui
remet les membres démis, réduit les luxations, les frac-
tures…»); *gadelles* (p. 114: «groseilles en grappes»); *bidou* (p. 129: «argent», terme utilisé habituellement au
pluriel). Finalement, c'est dans *Le Dictionnaire de la
langue française* d'Émile Littré (Paris, Gallimard/Ha-
chette, 1969), ouvrage qu'affectionnait particulièrement
Ferron, qu'on trouvera une définition pertinente du mot
maquereau (p. 89): «Terme qui ne se dit pas en bonne
compagnie. Celui, celle qui fait métier de débaucher et de
prostituer des femmes ou des filles.» Littré précise qu'au fi-
guré on parle d'un «maquereau [ou d'une maquerelle] politique, celui [ou celle] qui sert d'entremetteur dans les intrigues». Au Québec, cette «étiquette» s'applique à un homme
d'un âge certain qui persiste à courir les jupons; aussi dira-t-
on presque toujours «un vieux maquereau». Ghislain La-
pointe, dans *Les Mamelles de ma grand-mère, les mamelles
de mon grand-père* (Saint-Laurent, Éditions québécoises,
1974, p. 38) signale que «chez nous, celui que la virilité sert
bien se nomme […] un *mac*, un *maquereau*…», alors que
maqueraude est un qualificatif «péjoratif et réprobateur».

Quant au terme *omignons* (p. 68), il faut, pour en
saisir le sens, se référer à l'expression *os mignon* qui
désigne le coccyx. L'explication en est donnée par le
Glossaire et par Dulong. Le narrateur précise, à la page
85, que le charretier Bessette «a le derrière malheureux»,
expliquant plus loin, à la page 92, qu'il a le postérieur
installé sur «une planche inconfortable». On pourra toutefois discourir longtemps sur la véritable signification de
cette appropriation, néologisme probable que Seutin n'a
pas répertorié dans son ouvrage.

Mieux que les termes «corrects» donc, ces emprunts savaient rendre la réalité que l'écrivain voulait décrire et, comme le recommande si justement Pierre L'Hérault dans une note insérée dans *Le Contentieux de l'Acadie* (p. 179), il faut éviter de les «folkloriser» dans le texte par l'utilisation de guillemets ou de caractères italiques.

22. Ferron fait ici référence au Parti des *patriotes*. Nom donné à partir de 1827 au Parti canadien, il désigne le mouvement populaire qui aboutit à la rébellion de 1837 au Bas-Canada. Son programme est à la fois nationaliste et démocratique, exigeant notamment la responsabilité ministérielle. Majoritairement francophone, on y retrouve cependant quelques anglophones. Ses leaders les plus célèbres sont Louis-Joseph Papineau, Wolfred Nelson (1793-1863) et Jean-Olivier Chénier (1806-1837). Ferron consacrera sa pièce *Les Grands Soleils* à la réhabilitation de ce dernier. Le parti s'effritera après l'échec des rébellions de 1837-1838. Plusieurs de ses militants se retrouveront au sein du Parti rouge (les libéraux) et de l'Institut canadien qui fut fondé à Montréal le 17 décembre 1844. L'Institut regroupait l'élite de la jeunesse canadienne-française de l'époque. Nationalistes et progressistes, ses membres faisaient la promotion du modernisme et de la séparation de l'Église et de l'État. Combattu avec hargne par l'évêque de Montréal, Ignace Bourget (1799-1885), Louis-François Laflèche et les ultramontains, l'Institut disparut en 1885.

23. Avocat de profession, Louis-Joseph *Papineau* (1786-1871) fut élu député à maintes reprise entre 1808 et 1854. Anticlérical notoire, ce leader du mouvement patriote fut membre honoraire de l'Institut canadien, même s'il combattit l'opposition de cet organisme au régime seigneurial. Grande fut son influence dans l'évolution politique et constitutionnelle du pays.

24. Neveu de Louis-Joseph Papineau par sa mère, Rosalie Papineau, Louis-Antoine *Dessaules* (1818-1895) fut un grand admirateur et un disciple de son oncle. C'est lui qui l'aidera à s'enfuir en 1837. Après des études de médecine, il fit carrière dans le journalisme et fut élu député à plusieurs reprises. Il remplit quelques mandats à la présidence de l'Institut canadien. En 1875, il s'exila en Europe où il mourut. Il est l'auteur de plusieurs essais sur la politique et sur la religion.

25. Jeune avocat brillant, Gonzalve *Doutre* (1842-1880) fut président de l'Institut canadien en 1871 et 1872. Il se rendit à Rome pour faire lever la condamnation de l'Institut, mais en vain.

26. Jean-Baptiste Éric *Dorion* (1826-1866) fut l'un des membres fondateurs de l'Institut canadien. En 1847, il fonda le journal *L'Avenir* qui sera le principal porte-parole de l'idéologie anticléricale de l'Institut. Il compta parmi les plus farouches opposants à la Confédération de 1867.

27. La tuberculose, cette *maladie* qui ronge la *mère* de l'abbé Lupien, emporta en 1931 la mère de l'auteur, Adrienne Caron. Ses deux sœurs étaient mortes du même mal: la première, Rose-Aimée, en janvier 1913, à 17 ans; la seconde, Irène, en 1927, à trente ans.

28. Missionnaire oblat, Albert *Lacombe* (1827-1916) voua sa vie aux Autochtones de l'Alberta. Il servit de médiateur entre Blancs et Amérindiens à quelques reprises. Il est l'auteur d'une grammaire et d'un dictionnaire de la langue crie et d'autres ouvrages en langue amérindienne. On l'avait surnommé «l'homme au bon cœur».

29. Cette *description de bataille* opposant un groupe de Métis à quelques milliers de Sioux, les 13 et 14 juillet

1851, au pied des buttes du Grand Coteau, dans le Dakota, est contenue dans une longue lettre que Laflèche expédie la même année à Thomas Caron, son grand ami du Séminaire de Nicolet. Le missionnaire, prenant le commandement des Métis qu'il accompagnait à une chasse au bison, les exhorte au courage: «Souvenez-vous que Dieu est de notre côté et que vous avez un père dans le Ciel, qui voit combien est injuste l'attaque de ces gens contre vous.» Il rappelle aux siens combien leurs attaquants «sont lâches». (Voir «Bataille des Métis et des Sioux», dans l'ouvrage collectif *Apothéose de monseigneur Louis-François Richer-Laflèche* — Trois-Rivières, 1926, p. 41-44 — et André Labarrère-Paulé, *Louis-François Laflèche* — Montréal, Fides, coll. «Classiques canadiens», 41, 1970.)

30. François-Xavier *Cloutier* (1848-1934), troisième évêque de Trois-Rivières, est né à Sainte-Geneviève-de-Batiscan. Au Séminaire Saint-Joseph, il fut professeur de 1872 à 1876 et préfet des études de 1876 à 1880, avant d'être vicaire à la Cathédrale. Il fut nommé évêque le 8 mai 1899.

31. *Post-factum*: littéralement, «après le fait».

32. Le *schisme de Maskinongé* fut provoqué par le choix de l'emplacement de la quatrième église par l'évêque Laflèche, en 1889. Cette décision divisa les paroissiens en deux clans, selon qu'ils demeuraient sur l'une ou l'autre rive de la rivière Maskinongé. En 1892, un groupe construisit une chapelle qui fut ensuite maudite par un père rédemptoriste. Ces dissidents firent alors appel aux services d'un pasteur protestant et se convertirent à la religion baptiste. On trouvera tous les détails de ces événements dans *L'Histoire de la paroisse Saint-Joseph-de-Maskinongé*, de Jacques Casaubon (Maskinongé, Chez l'auteur, 1982).

Robert Rumilly en avait donné un résumé dans son essai *Mgr Laflèche et son temps* (Montréal, B. D. Simpson, 1945, p. 392-393). Ce genre de querelle était chose fréquente au XIXᵉ siècle lors de la création de nouvelles paroisses.

33. Cet hospice des sœurs de la Providence à Trois-Rivières avait été fondé en1864.

34. J.-A. Ferron est né le 8 juin 1890, à Saint-Léon-le-Grand (comté de Maskinongé) et est décédé à Montréal le 5 mars 1947. Il avait fréquenté le Séminaire Saint-Joseph de Trois-Rivières de 1905 à 1912 puis la faculté de droit de l'Université Laval, à Montréal. Reçu notaire le 28 juillet 1915, il s'établit à Louiseville où il acheta la *maison à cinq portes* mentionnée au chapitre X.

Les habitués de l'œuvre ferronienne ne seront pas très étonnés de cette soudaine intrusion de l'auteur (*mon père*). Sans être une pratique courante, ces irruptions d'auteur ne sont pas rares. L'autobiographie, «à laquelle on n'échappe jamais, qu'on le veuille ou non» («Appendice aux *Confitures de coings*», p. 139) est partout sous-jacente dans *Le «Saint-Élias»*, sans pour autant que cette œuvre soit «plus autobiographique que les autres romans», comme le soulignait récemment Madeleine Ferron, sœur de l'auteur. (Lettre à Pierre Cantin, le 13 juillet 1992.) Celle-ci précise également, dans cette missive, que son père, Joseph-Alphonse Ferron, n'a jamais servi la messe de Cloutier et que l'anecdote concernant ce dernier est une invention: «C'est une liberté que Jacques a prise pour rendre plus vivante, j'imagine, l'extraction de l'évêque des placards et de sous le lit […] C'est amusant: j'ai entendu raconter cet exploit une première fois par mon père qui le tenait d'une autre personne, laquelle le tenait de… La deuxième fois, par une de mes tantes, mais cette fois-ci, il concernait Mgr Bruchési.»

35. Né en 1922, *François Cloutier* est médecin et psychiatre. Animateur à la radio et auteur de plusieurs essais, il fut élu député libéral à l'Assemblée nationale en 1970 et en 1973. Dans le cabinet de Robert Bourassa, il fut titulaire du ministère des Affaires culturelles, de celui de l'Éducation et de celui des Affaires intergouvernementales. Ferron soutient qu'il y fut admis pour soigner Louis-Philippe Lacroix, député des Îles-de-la-Madeleine de 1962 à 1976. Le whip d'un parti est ce «député désigné par le chef de chaque groupe à l'Assemblée nationale pour assurer la cohésion du groupe, organiser les votes, etc.» (*Dictionnaire du français plus*, Montréal, Centre éducatif et culturel, 1987). Le whip étant un «énergumène qui en sait trop et qu'on ne peut plus faire taire quand il se met à délirer, à frapper, à invectiver, à monter après les murs…», le parti a de quoi s'inquiéter; d'où la mission du docteur Cloutier: surveiller les bibites de Lacroix et «présider à leurs accouplements». (Voir «Les bibites du whip» dans *Escarmouches*, t. 1, p. 120-122.)

36. Alexis-Xyste *Bernard* (1847-1923), évêque de Saint-Hyacinthe, de 1905 à 1923.

37. Paul *Bruchési* (1855-1939): archevêque de Montréal de 1897 à 1921. «Orateur sacré remarquable, écrit Jean-Jacques Lefebvre, il a aussi laissé la réputation d'un diplomate.» («Le Canada-l'Amérique», supplément du *Dictionnaire Beauchemin canadien*, Montréal, 1968.) C'est lui qui prononça l'oraison funèbre de Laflèche. Ferron prétend que le prélat «souffrait de psychose maniaco-dépressive» («Le chanoine botté et le seigneur en chemise», *Le Maclean*, septembre 1971) et qu'il «est mort fou» («La soumission des clercs» dans *Historiettes*, p. 21).

38. Dominique *Monet* (1865-1923) fut député libéral de Napierville à la Chambre des communes en 1891 et de Laprairie-Napierville, de 1896 à 1904. En 1905, il est député de Napierville à Québec et ministre dans le cabinet de Simon-Napoléon Parent (1855-1920). Protonotaire de Montréal (1905 et 1906), il est nommé juge à la Cour supérieure en 1908. Le 16 juillet 1912, Monet prononce, à Saint-Jean-d'Iberville, un discours en réponse à deux circulaires «publiés dans les églises des diocèses de Saint-Hyacinthe et de Montréal et [qui] constituent [...] une injustice pour ces pauvres prêtres du Monnoir» qui demandent la permission de s'installer à Saint-Jean. Ces ecclésiastiques œuvraient au petit séminaire de Sainte-Marie-de-Monnoir, fondé à Marieville en 1853, détruit par un incendie le 23 février 1907. L'anecdote, rapportée ici par Ferron, a été puisée dans la transcription du discours du juge Monet. Il a toutefois remanié la dernière réplique de Bruchési qui se lisait ainsi: «Je vous donne un collège malgré vous. Vous en avez un, mais je veux le mien, moi.» Dans le présent texte, nous avons corrigé deux autres petites erreurs commises au moment de la transcription. (*Plaidoyer pour le Collège Monnoir. Discours prononcé par monsieur le juge D. Monet, à Saint-Jean, le 16 juillet 1912*, 1912, 28 pages.) Monet prononça un autre discours sur cette affaire, le 7 septembre 1912 (*Réglons nos comptes. À propos de la question de Monnoir*, 1912, 28 pages).

39. Paul-Émile *Léger* (1904-1991), *ce débile inspiré* (p. 133), fut souvent l'objet des propos sarcastiques de Ferron. Dans la «Présentation» à la «Lettre d'amour», (*Les Roses sauvages*), il rappelle l'esprit anti-syndical de Léger, alors chanoine titulaire et vicaire-général du diocèse de Valleyfield, au milieu des années quarante...

Quand celui-ci démissionnera de sa charge d'archevêque de Montréal, en 1967, pour aller s'occuper d'une léproserie en Afrique, Ferron lui prêtera des visées papales, soutenant que le cardinal avait «délaissé sa belle maison du mont Royal, pour une hutte au Cameroun, sans trop de danger pour sa peau, [et que là, il pourrait] caresser sa belle âme en attendant le prochain conclave» («Le forgeron et le goglu», dans *Escarmouches*, t. 1, p. 308). Léger fit un court séjour à Rome en 1939. De 1947 à 1950, il y sera recteur du Collège canadien avant d'être nommé archevêque.

40. En droit canon, la *fabrique* est la personne morale chargée de représenter et de gérer les intérêts matériels de la paroisse.

41. Les religieuses adoratrices du *Précieux-Sang* sont des cloîtrées dont la vie est entièrement vouée à la prière. L'ouverture officielle du monastère de Trois-Rivières, placé sous le vocable de «Gethsémani», eut lieu le 24 mai 1889, par une messe célébrée par Laflèche. Cette communauté avait été fondée en 1861, à Saint-Hyacinthe, par Aurélie Caouette (1833-1905), en religion mère Catherine-Aurélie du Précieux-Sang, et par Joseph-Sabin Raymond (1810-1887), grand-vicaire de Saint-Hyacinthe.

42. Les *zouaves* sont des volontaires canadiens-français qui s'enrôlèrent dans l'armée pontificale, entre 1866 et 1870, pour aller défendre la ville de Rome, assiégée par les troupes de Guiseppe Garibaldi (1807-1882). C'est l'ultramontain Ignace Bourget qui mit sur pied ce corps de volontaires. Les candidats étaient sélectionnés pour leurs qualités morales et religieuses plutôt que pour leur habileté à manier les armes. Ils furent 390 à s'engager, mais seulement quelques-uns participèrent réellement aux

combats. À leur retour, ils furent portés aux nues par l'Église. Ils formèrent une association qui existe toujours. Quelques villages furent nommés en souvenir de leurs exploits: Piopolis, Nantes dans les Cantons de l'Est. On trouvera dans la monographie d'Amanda Plourde, *Notes historiques sur la paroisse de Saint-Léon-le-Grand* (Trois-Rivières, Éditions du Bien public, 1916), des propos dithyrambiques sur Maxime Ferron, oncle de l'auteur qui fut zouave pontifical avant de faire carrière comme agent d'assurances à Joliette.

43. La *Quasimodo* est le dimanche qui suit la fête de Pâques. Pour le catholique pratiquant, elle est la dernière échéance pour «faire ses Pâques», c'est-à-dire se confesser et recevoir la communion.

44. Bien que le pape Léon XIII ait assuré Laflèche, en 1878, que son diocèse demeurerait intact et que le prélat ait publié trois mémoires contre cette division (en 1875, 1877 et 1883), Rome procéda le 10 juillet 1885 à un deuxième *rapetissement* du diocèse de Trois-Rivières, érigé canoniquement le 8 juin 1852. L'érection du diocèse de Nicolet lui enleva quarante-cinq paroisses de la rive sud du fleuve. Une première division, en août 1874, lui avait fait perdre seize paroisses et missions de la rive sud pour les rattacher au nouveau diocèse de Sherbrooke.

45. Les événements qui ont précédé la construction de la deuxième église de la paroisse de *Baie-du-Fèvre* tiennent du roman d'aventures. De 1748, année où fut fixé le site de cette église par l'évêque de Québec, Henri-Marie Dubreuil de Pontbriand (1708-1760), à 1806, date à laquelle elle fut achevée, les paroissiens du haut et du bas de la côte seront profondément divisés en deux clans bien décidés à tout faire pour qu'elle soit érigée sur «leur» territoire. Ils procé-

deront à l'élection irrégulière d'un marguillier et refuseront d'obéir à deux mandats de l'évêque. En 1788, l'église et son curé, Louis-Antoine Hubert (1754-1794), qui avait appuyé les insurgés, seront frappés d'interdit. Joseph-Elzéar Bellemare (1849-1924) a longuement raconté les péripéties de cette «dissidence» dans son *Histoire de la Baie-Saint-Antoine, dite Baie-du-Fèvre, 1683-1911* (Montréal, Imprimerie La Patrie, 1911).

46. La graphie de cette appellation, *Pagnol*, pose un problème d'édition. Ferron n'aurait-il pas plutôt dû écrire *pagnoles*, c'est-à-dire *amourettes*, terme répertorié par le *Glossaire du parler français au Canada*? Il a semblé hésiter: sur le manuscrit, le «l» final du mot a rendu illisibles deux lettres qui suivaient le «o». De toute évidence, l'auteur joue ici sur plusieurs niveaux de sens. Marguerite Cossette est née *Trépanier*. Dans ce patronyme, il y a «panier», qu'on prononçait jadis «pagnier» et dont le contenu était une «pagnolée». Le romancier a-t-il inventé cette appellation en l'assimilant à l'abandon, sur le parvis de l'église, de certains *rejetons négligés et suspects*? Ou pourrait-on présumer que ce qualificatif lui aurait été suggéré par un changement dans la prononciation du nom d'une tribu amérindienne, les Pawnees. Plusieurs habitants de la Nouvelle-France, à cette époque, sont en effet allés chercher leurs esclaves dans cette tribu et l'on prit l'habitude de les nommer «Panis». Peu à peu, le terme en vint à désigner tous les esclaves d'origine amérindienne. Chose certaine, on aura beau chercher ce patronyme de *Pagnol* dans les annuaires du téléphone du Québec, tout ce qu'on trouvera sera un certain *Pagnoul*, domicilié à Cap-Rouge...

47. Le surnom de *Mithridate*, donné à Philippe Cossette, rappelle Mithridate VI, dit Le Grand, qui vécut de 132 à

63 avant l'ère chrétienne. Fondateur du royaume de Pont, une région de l'Asie mineure, il lutta contre la domination des Romains. Ceux-ci, tout comme les Anglais le feront plus tard, établirent leur empire sur l'ensemble du monde connu, imposant partout leurs coutumes et leur langue.

48. Ce *pape, ennemi du principe des nationalités, ennemi du progrès et de l'histoire*, c'est Pie IX qui fut pape de 1846 à 1878. Il s'opposa à l'unification de l'Italie, au libéralisme et au socialisme. C'est lors du concile Vatican I, en 1870, qu'il proclama le dogme de l'infaillibilité pontificale qui ne s'applique cependant que lorsqu'il se prononce sur des questions dogmatiques. Toutefois, plusieurs personnes, dont Laflèche, ont tenté d'étendre cette infaillibilité au domaine temporel. Ce dernier, présent à Rome au moment de la proclamation de ce dogme, affirma: «C'est le plus beau jour de ma vie!»

49. Philippe *Normand* (1893-1963) a sûrement servi de modèle à l'auteur pour imaginer son abbé du même nom. Ferron a très bien pu le croiser au Jardin de l'enfance, tenu par les Filles de Jésus, où son père l'avait placé en pension, en septembre 1931. Normand y était aumônier. Docteur en théologie de l'Université Laval en 1915, il fut professseur d'anglais au Séminaire Saint-Joseph de 1915 à 1919, vice-chancelier du diocèse et secrétaire de François-Xavier Cloutier en 1922 et 1923, puis chancelier de 1923 à 1935. On aurait pu penser qu'il serait le successeur tout désigné de ce dernier. Rome lui préféra toutefois le chanoine Alfred-Odilon Comtois (1876-1945), principal de l'École normale des ursulines, savant théologien et latiniste fervent. Dès qu'il fut nommé évêque, Comtois s'empressa d'enlever la chancellerie à Normand et l'envoya comme simple aumônier à l'Académie-de-la-Salle, collège

dirigé par les Frères des écoles chrétiennes. Normand terminera sa carrière comme curé d'une paroisse urbaine, sans avoir obtenu le titre de chanoine, ni celui de prélat domestique. René Verret, du Musée des arts populaires du Québec à Trois-Rivières, qui a connu Normand dans sa jeunesse, le décrit ainsi: «Gras, le visage rond avec des yeux petits et rieurs, il était amateur de bonne chère, de vins fins et ne dédaignait pas les bons cigares.» (Lettre à P. Cantin, 12 mars 1992.) Il était le fils de Louis-Philippe Normand (1863-1928), médecin, chirurgien, propriétaire d'une pharmacie et d'une grosse clinique privée, «le nom le plus respecté de Trois-Rivières» (Robert Rumilly, *Histoire de la province de Québec*, t. 25, Montréal, Chanteclerc, 1952, p. 132.), qui fut président du Conseil médical du Canada en 1922. Il fut deux fois maire de sa ville, président du Conseil privé, en 1921, dans le cabinet conservateur d'Arthur Meighen (1874-1960). Dans «Le Chichemayais» (*La Conférence inachevée*, p. 96-97), Ferron rappelle qu'il fut soigné, au Jardin de l'enfance durant sa première année de pensionnat, par le docteur Normand, ce «médecin de renom», et qu'il avait «bien failli mourir d'une septicémie», après une injection du vaccin de la diphtérie.

50. Jean *Rotrou* (1609-1650) n'occupe pas une bien grande place dans les manuels d'histoire de la littérature française; il en est même souvent absent. Pourtant Voltaire (1694 -1778) le considérait comme le fondateur du théâtre français et le maître de Pierre Corneille. Les vers cités ici par Ferron ont été empruntés à sa tragédie publiée en 1647, *Le Véritable Saint Genest*. Les quatre vers du chapitre V (p. 59) sont numérotés 1183-1186; ceux du chapitre IX (p. 116-117) sont numérotés successivement 603-604, 1279-1280 et 999-1002. Pour un jugement plus complet de

Ferron sur Rotrou, on lira «Pierre Laporte, écrivain» (*Les Lettres aux journaux*, p. 367) et la «Préface» au roman de Louis Hémon, *Colin-Maillard* (Montréal, Éditions du Jour, coll. «Répertoire québécois», 1, 1972, p. 21).

51. Considéré comme l'un des tout premiers poètes de son temps, Pierre *Corneille* (1606-1684), avocat et dramaturge, a écrit des tragédies qui figurent parmi les chefs-d'œuvre du théâtre français du XVIIe siècle.

52. Jacques Ferron a décrit à plusieurs reprises la condition du *Magoua*, véritable citoyen de deuxième classe:

> Il y avait à Louiseville le grand-village et le petit-village. Le grand-village entourait l'église et sans doute était-il lui-même, sans qu'il en parût, entouré de remparts. Le petit-village se situait en dehors. À l'est, à l'ouest, au nord, au sud, peu importe pourvu qu'il restât en dehors de la muraille magique. En fait, son site variait. Il a été en haut, puis en bas de la rivière. Il se déplaça avec les scieries qui ont longtemps été la grande industrie de Louiseville. Ses habitants étaient nommés les Magouas. J'ai été modelé sur le Magoua. Tout ce que je faisais de mal me rendait Magoua. J'ai appris à ne pas être Magoua. Magoua, c'est le mot que j'ai le plus dans la tête. Un équivalent sans doute du nigger. Les aristocraties ont pour pavois le dos de quelques pauvres parias. («Le bel héritage», dans *Escarmouches*, t. 1, p. 89.)

> Le petit village formait l'habitation des gens dits Magouas, sous-prolétaires agricoles depuis que le Moulin était fermé, qui se trouvaient excommuniés parce que faubouriens, exclus de l'état de grâce louisevillien, accablés de tous les péchés du monde, à qui on faisait la charité d'une main, qu'on exploitait de l'autre, au demeurant misérables comme cela ne se conçoit plus... («La créance», dans *Les Confitures de coings*, 1972, p. 238).

Claude Poirier, directeur du Trésor de la langue française au Québec, nous a signalé plusieurs variantes de ce mot dans le fichier de l'organisme: «magoua», «maquois», «makwa», «Magoa». Il est encore en usage dans la région de Yamachiche à laquelle il est associé. Il se dit d'un pas-d'allure ou d'un marginal. Dans son enquête linguistique, Gaston Dulong a relevé le nom populaire «Magoas» désignant «les gens de la Mission, et par extension, de Yamachiche». Il a découvert que le nom populaire d'un rang du village était «Village des Magoas» (ou «La Mission», village amérindien). Récemment, Victor-Lévy Beaulieu, dans son roman *L'Héritage* (t. 1: *L'Automne*; t. 2: *L'Hiver*, Montréal, Stanké, 1987 et 1991), a récupéré ce terme, sûrement puisé dans les œuvres de Ferron, pour désigner un groupe d'Amérindiens. On trouve quelques variantes du mot dans des répertoires de termes amérindiens: *Makwa*, *Maskwa*, «ours»... Conclusion de Poirier: «Les relevés [...] m'amènent à formuler l'hypothèse suivante: il y avait un village (un campement?) d'Amérindiens près de Yamachiche; ces Amérindiens étaient identifiés par le nom de *Magoua* (ou forme voisine) et, par extension, le nom aurait été donné à des Blancs par dérision ou pour les insulter (gens mal habillés, pauvres, qui sont les parias de la société).» (Lettre à P. Cantin, le 10 avril 1992.)

Dans un essai, *Chouart et Radisson* (Québec, Laflamme et Proulx, 1910), Narcisse-Eutrope Dionne reproduit une lettre de William Kieft, gouverneur du fort New Amsterdam. Elle est de 1664 et le Hollandais y parle des «sauvages Iroquois appelés ordinairement Maquois». Dionne y ajoute la note suivante: «C'étaient les *Agniers* des Français et les *Mohawks* des Anglais. Les Hollandais les désignaient sous le nom de *Maquas*: c'était le nom qu'ils se donnaient à eux-mêmes.» (p. 173.)

53. L'expression *mois jaune* a été recensée à deux autres reprises dans l'œuvre de Ferron par Émile Seutin et ses collaborateurs. L'adjectif *jaune* étant synonyme de «maigre», un mois jaune serait donc un mois de «disette» (*Richesses et particularités de la langue écrite au Québec*, fascicule 5, Université de Montréal, Département de linguistique et philologie, p. 1388-1389).

54. Dans le système judiciaire anglais, la *Cour de circuit* est un tribunal itinérant. Au Canada, elle fut constituée par la «Loi de judication» de 1793. Tribunal de première instance à partir de 1849, la Cour de circuit réglait les litiges de moins de 200 $. Elle était présidée par un juge de la Cour supérieure qui se déplaçait de district en district. Elle existe encore dans certaines provinces canadiennes. Au Québec, sa juridiction, qui s'étendait à toute la province, moins le district de Montréal, s'est vue rétrécie par la création d'autres cours. Une loi, sanctionnée le 18 décembre 1952, l'a abolie et remplacée par la Cour de magistrat. Le père de l'auteur fut greffier à la Cour de circuit dont la constitution et la juridiction sont définies par les articles 57 à 146 du chapitre 15 des *Documents constitutionnels concernant la province de Québec* (Québec, Rédempti Paradis, Imprimeur du roi, 1941). En 1972, lors d'une imposante réforme de l'appareil judiciaire québécois, on créa un tribunal qui rappelait cette cour, la Cour itinérante provinciale. Madeleine Ferron raconte les tribulations de cette cour, au fonctionnement parfois peu orthodoxe, lors d'un long périple qu'elle effectua dans le Nouveau-Québec en compagnie de son mari, Robert Cliche (1921-1978), juge en chef de la Cour provinciale. (Voir «Un juge tombé du ciel: Robert Cliche chez les Esquimaux», *L'Actualité*, décembre 1976, p. 51-53, 56, 58.)

55. Dans la coutume québécoise, vers la fin de novembre, lorsque le gel est bien pris, «c'était *le temps des*

boucheries» (Deffontaines, p. 120). On tuait donc des cochons afin de préparer la nourriture qui sera consommée
durant le temps des Fêtes. Première période de l'année li-
turgique, l'*avent* précède la fête de Noël et comporte quatre semaines de jeûne et d'abstinence.

56. Dans *Jacques Ferron, qui êtes-vous?*, un film d'Yves
Taschereau tourné en 1971, on peut entendre un oncle de
l'auteur, Rodolphe Ferron, beurrier-fromager à Sainte-
Gertrude, près de Nicolet, interpréter cet extrait de cette
chanson toute paysanne du diable sorti des enfers:

> Le Diable est sorti des enfers
> Pour faire le tour du monde.
> Il recommande à Lucifer
> De lui ramasser son monde.
>
> A commencé chez le cordonnier.
> — Toi, cordonnier, tu es toujours soûl,
> Avec tes mauvaises coutures,
> Embarque dans ma voiture…

Il précise que c'était la chanson préférée de son
père, Benjamin Ferron. L'ethnographe Carmen Roy en a
recueilli une autre version, reproduite sous le titre «Le
démon est venu sur la terre», dans sa monographie intitulée *Saint-Pierre et Miquelon. Une mission folklorique
aux îles* (Ottawa, ministère du Nord canadien et des ressources nationales, Musée national du Canada, bulletin
182, 1962):

> Le démon est venu sur la terre
> Pour visiter le monde.
> Il est venu sur la terre
> Pour acheter le monde.
>
> Dit trois mots au boulanger:
> — Tes comptoirs sont mal lavés.

Avec tout's tes p'tit'fournitur'.
Embarque dans ma voiture!

57. *Léon Gérin* (1863-1951), le premier sociologue canadien, est célèbre par son étude «L'habitant de Saint-Justin.
Contribution à la géographie sociale du Canada», parue en
1898, dans les *Mémoires de la Société royale du Canada*
(section 1, p. 139-216). Elle fut reprise en 1968 dans l'essai
de Jean-Charles Falardeau et de Philippe Garigue, *Léon
Gérin et l'habitant de Saint-Justin*, publié aux Presses de
l'Université de Montréal. On y trouvera une substantielle
bibliographie des essais, études et articles de Gérin.

58. Denis *Gérin*, né à Yamachiche en 1846, fut le deuxième curé de Saint-Justin et occupa cette charge pendant
plus de 45 ans. Il y est décédé en 1923. Le titre de «prélat
domestique», lui fut accordé en 1921 par le pape Benoît
XV. Le jeune Gérin avait interrompu ses études de théolo-
gies pour joindre les rangs des zouaves à Rome. Ce titre
honorifique lui permettait d'être appelé monseigneur.

59. *Antoine Gérin-Lajoie* (Yamachiche 1824-Ottawa
1882), *le célèbre écrivain*, est l'auteur, entre autres, de
notre première tragédie canadienne, *Le Jeune Latour*,
écrite pendant qu'il était élève au Collège de Nicolet en
1844; de deux romans, *Jean Rivard, le défricheur* et *Jean
Rivard, l'économiste*, parus en 1862 et en 1864. En 1842,
il avait composé une chanson devenue célèbre, «Un Canadien errant». Père du sociologue Léon Gérin, il fut le
premier président de l'Institut canadien de Montréal.

60. Au Québec, on pouvait être admis au collège, ou au
petit séminaire, pour y faire son cours classique, d'une
durée de huit ans, après avoir complété les sept années du
cours primaire et avoir été choisi parmi ceux qui avaient
réussi les examens d'entrée de l'institution. Ferron men-

tionne dans ce chapitre les quatre dernières années du
cours classique, telles qu'elles furent désignées jusqu'à la
fin des années soixante: Belles-Lettres, Rhétorique, Philosophie I et Philosophie II.

61. Deux médecins du nom de *Nepveu* ont en effet prati-
qué à Sainte-Ursule: le premier de 1914 à 1916, le second
de 1922 à 1958.

62. Plusieurs membres de la famille *Power* ont fait carrière dans l'industrie et le commerce du bois et quelques-
uns ont été particulièrement actifs en politique. Celui à qui
Ferron semble faire allusion ici est William Gerard Power
(1882-1934), commerçant de bois, membre du conseil
d'administration de nombreuses compagnies forestières,
président de quatre d'entre elles et président de la Province
of Quebec Limits Holders Association en 1921 et en 1922.
Homme d'affaires très influent, il occupa, entre autres
postes administratifs, celui de président de la Commission
du port de Québec de 1922 à 1930. Il fut maire de Saint-
Pacôme de 1918 à 1920 et fut nommé en 1923 au Conseil
législatif. Son frère, Charles Gavan Power, bien connu
sous le surnom de Chubby, que Ferron met en scène dans
son *Ciel de Québec*, fut député libéral et ministre à Ottawa,
de 1917 à 1955, et sénateur de 1955 à 1968. Leur père,
William Power, né à Sillery en 1849, fut l'un des direc-
teurs de la Canadian Lumbermen Association et président
de la Rivière Ouelle Pulp and Paper. Il fut député de
Québec-Ouest à Ottawa de 1902 à 1908 et de 1911 à 1917.
Il était l'ami intime et le «lieutenant de [Wilfrid] Laurier
(1841-1919; premier ministre du Canada de 1896 à 1911)
dans les milieux de langue anglaise à Québec». (Robert
Rumilly, *Histoire de la province de Québec*, t. XIII, p. 174.)

63. *Thomas Diafoirus* est le jeune médecin benêt et ridicule de la pièce de Molière, *Le Malade imaginaire*.

64. En référence à l'*Évangile* selon saint Matthieu, le *champ du Potier* désigne le terrain situé un peu en retrait du cimetière où on enterrait, entre autres, les suicidés à qui on refusait la sépulture ecclésiastique.

65. *Faust*, personnage légendaire de l'Allemagne du début du XVIᵉ siècle qui, selon la tradition, aurait vendu son âme au Diable, a inspiré plusieurs écrivains et musiciens. C'est au *Faust* de Goethe que le musicien français Gounod a emprunté la matière de son célèbre opéra du même nom, créé en 1859 et auquel Ferron fait allusion ici. Ce mythe sera aussi le sujet de *La Beauté du diable*, film de René Clair, réalisé en 1949, et d'une complainte dont Marius Barbeau (1883-1969) a recueilli une vingtaine de versions entre 1916 et 1926. Voir «C'est un docteur bien misérable», dans *Le rossignol y chante*, première partie du *Répertoire de la chanson folklorique française au Canada* (Ottawa, Ministère du Nord canadien et des ressources nationales/Musée national du Canada, 1962, p. 259-260).

66. Les Métis de *Saint-Louis*, autrefois capitale du Sénégal, étaient surnommés les *habitants*. Peut-être est-ce à cette appellation que Ferron fait allusion, par référence au même titre qu'on donnait aux Canadiens français au XIXᵉ siècle.

67. Comme la majorité des Irlandais arrivés au pays dans la première moitié du siècle dernier se sont assimilés aux francophones pour des motifs religieux, plusieurs patronymes irlandais ont été francisés. C'est le cas de ce *Magloire* qui, à l'origine, était un McGuire.

68. Les *Peules* forment une population nomade de l'Afrique occidentale dispersée sur un vaste territoire et forcément minoritaire partout.

69. La *grosse Sainte-Anne de Machiche* est une statue en bois doré, œuvre de Thomas Baillargé (1791-1859). «S'étant détériorée par suite d'enlèvement de parcelles, qu'on emportait comme souvenirs de pèlerinage, elle fut réparée en 1877, et placée sous un superbe pavillon en architecture de l'ordre dorique [...] érigé dans le cimetière attenant à l'église» (D. Lamy, *Brève Notice sur Sainte-Anne d'Yamachiche*, Montréal, 1904, p. 6). Elle s'y trouve encore.

70. Berthe Genest était l'épouse de Nérée LeNoblet *Duplessis*, né à Yamachiche en 1855 et décédé à Trois-Rivières en 1926. Duplessis étudie aux collèges de Nicolet et de Trois-Rivières et fait ensuite son droit. Il est nommé juge de la Cour supérieure à Trois-Rivières en 1914. Échevin et maire de cette ville, il est élu à trois reprises député conservateur de Saint-Maurice à l'Assemblée législative de 1886 à 1897. Il est le père de Maurice Duplessis (1890-1959), premier ministre du Québec, de 1936 à 1939 et de 1944 à 1959. Ferron s'est plu, ici et là, à répandre la rumeur que Maurice Duplessis ait été le bâtard de Laflèche «dont il aurait hérité du célibat» («L'échelle de Jacob», *L'Information médicale et paramédicale*, 3 mars 1970, p. 18). C'est le sujet d'une causerie de Ferron, intitulée «Duplessis n'a pas fondé Trois-Rivières», prononcée dans cette ville, le 29 avril 1972, à l'occasion d'une «journée médicale». Dans une lettre à P. Cantin, le 17 mai 1972, il écrira: «Mon truc à Trois-Rivières [était] une mauvaise improvisation sur les deux pères de Duplessis, Mgr Laflèche et Honoré Mercier.»

71. *Honoré Mercier* (1840-1894), fondateur du Parti National, est considéré comme le père du nationalisme québécois. Il fut premier ministre du Québec de janvier 1887 au 16 décembre 1891.

72. Le *grand ravagement des Laurentides* a commencé au début du siècle dernier, peu de temps après l'imposition du Blocus continental contre l'Angleterre par Napoléon. Jusque-là, l'Angleterre allait chercher, dans les pays scandinaves, le bois nécessaire à la construction et à l'entretien de sa marine. On sait l'importance économique et militaire de sa flotte pour ce pays insulaire. Devant le blocus napoléonien, elle commença à s'approvisionner en bois au Canada, marquant le début de l'industrie forestière canadienne, moteur de l'économie pendant tout le XIXᵉ siècle et au-delà. Les gouvernements ont participé, par la vente effrénée de concessions aux plus offrants, à cette opération qui tournait parfois à un véritable pillage. Les sommes recueillies lors des ventes de concessions constituaient l'une des principales sources de leurs revenus et les gouvernants ne se préoccupaient guère de contrôler l'utilisation des ressources forestières par les concessionnaires. Au milieu du XIXᵉ siècle, on commença à dénoncer les abus.

73. Le personnage du curé *Rondeau*, qui apparaît déjà dans *Le Ciel de Québec*, a sans doute été inspiré par Joseph-Damase Rouleau, né à Saint-Roch de Québec, en 1884, ordonné prêtre en 1915, curé de Sainte-Catherine-de-Fossambault de 1932 à 1944. En août 1932, dans une lettre à son ami, André Laurendeau (1912-1968), journaliste et écrivain, le poète Hector de Saint-Denys Garneau (1912-1943) trace un long portrait de ce curé Rouleau, «un type intéressant, [qui aime] la bonne chère, le bon vin et le tabac». Il le perçoit comme un être «plus érudit

que cultivé, […] très méthodique» (Saint-Denys Garneau,
Œuvres, Montréal, Presses de l'Université de Montréal,
collection «Bibliothèque des lettres québécoises», 1971,
p. 924). Pendant son séjour à Sainte-Catherine, Rouleau
encouragea la fondation d'une succursale de la Caisse populaire et la venue de religieuses pour l'éducation des enfants.

74. Ildebrando *Antoniotti*, né à Nimis, en Italie, en 1898,
fut nommé délégué apostolique du Vatican à Ottawa, le
14 juillet 1938. Il occupa, jusqu'en 1953, ce poste dont la
création remonte au 3 août 1899, avec résidence à Ottawa. L'année précédente, Antoniotti était le chargé d'affaires auprès du gouvernement nationaliste espagnol,
dirigé par le général Franco qu'il admirait beaucoup. Appuyé par Hitler et Mussolini, celui-ci se mit à la tête des
forces conservatrices en 1936 et renversa le gouvernement démocratiquement élu. Il exerça une dictature fasciste sur le pays de 1939 jusqu'à sa mort, en 1975. Toujours dans la même ligne, dès son arrivée au Canada, l'un
des premiers gestes du nouveau délégué apostolique fut
de féliciter les évêques canadiens pour leur campagne
anticommuniste. En 1953, le chanoine Georges Panneton
et l'abbé Antonio Magnan, rédacteurs de l'ouvrage *Le
Diocèse de Trois-Rivières*, 1852-1952 (Trois-Rivières,
Éditions du Bien public), écrivirent que «le général Franco [avait] accompli une campagne de libération de 1937 à
1939».

75. *Pie XII* fut élu pape en 1939. Immédiatement avant
son élection, il était ambassadeur du Vatican à Berlin. On
lui a reproché son silence, durant la deuxième Guerre
mondiale, devant les régimes nazi et fasciste: «Ce qu'on
peut appeler "les silences de Pie XII", c'est le refus de ce
pape de condamner publiquement et expressément les cri-

mes nazis et les violences de la politique de Hitler: non seulement l'extermination biologique des Juifs et des Polonais par les Allemands et celles des Serbes orthodoxes par les Croates catholiques, mais aussi les agressions militaires contre les pays faibles ou contre les pays neutres.» (Léon Papeleux, *Les Silences de Pie XII*, Bruxelles, Vokaer, collection «Actualité», 1980, p. 7.)

76. Ferron vise ici Georges *Roche*, auteur d'un essai, *Pie XII devant l'histoire*, publié conjointement par Robert Laffont, à Paris, et les Éditions du Jour, à Montréal, en 1972, peu de temps avant la parution du *«Saint-Élias»*. Ferron a dû sûrement recevoir, de son éditeur, dès sa parution, un exemplaire du livre de «monseigneur Roche, qui fut l'un des familiers de Pie XII» («Avant propos», p. 14). L'ouvrage s'inscrivait dans la foulée de nombreux essais qui ont suivi la création, à Berlin, en février 1963, de la pièce, *Le Vicaire*. Écrite par un jeune protestant allemand, Rolf Hochhuth, elle présente Pie XII comme pronazi. Traduite et reprise entre autres à Paris, à New York et à Tel-Aviv, la pièce connut une carrière tumultueuse.

77. Ferron fait sans doute référence à Helmina *Berthiaume*, épouse de Louis-Joseph Rivet (orthographié *Rivest* par Ferron). Elle était la fille de Trefflé Berthiaume (1848-1915), propriétaire du journal *La Presse*, qu'il sauva de la faillite en 1889. Le titre de comte romain était un titre purement honorifique décerné par le pape, jusqu'au milieu du XXe siècle à peu près, à ceux et à celles qui avaient rendu de grands services à l'Église. Ce titre a dû être décerné à L. J. Rivet, signataire dans *La Revue canadienne*, en 1894, d'un long article intitulé «Souvenirs de Rome» et relatant son pèlerinage dans la cité sainte en avril 1892. L'historien Pierre Savard, qui nous a signalé ce texte, pense que son auteur appartenait à la famille des Rivet

qui, la première, organisa des pèlerinages en groupe au Vatican à la fin du siècle dernier. Louis-Joseph Rivet a donc bien pu se mériter cette reconnaissance papale grâce à cette activité; d'où le titre de *comtesse romaine* de sa femme. Louis-François Laflèche et Honoré Mercier avaient reçu ce titre honorifique.

78. Originaires de la Nouvelle-Angleterre, les *Abénakis* appartiennent à la famille des Algonquiens. À la fin du XVIIIe siècle, décimés par les Iroquois, ils vont se placer sous la protection des Français. Frontenac les installe à Saint-François-du-Lac, comme avant-poste contre les attaques venant de la Nouvelle-Angleterre. C'est sans doute la tribu amérindienne qui s'est le plus métissée avec les Français. On les retrouve aujourd'hui à Odanak, près de Pierreville.

79. Homme d'affaires prospère, Louis-Adélard *Sénécal* (1829-1887) profite, entre autres occasions, de la guerre de Sécession, pour s'enrichir de la navigation. Grand spéculateur foncier, il accapare des domaines immenses. Dans les années soixante, il se lance dans le commerce du bois et devient rapidement l'un des grands «barons» de cette industrie. À 38 ans, son chiffre d'affaires s'élève à trois millions de dollars. On l'accuse, probablement avec raison, de n'avoir aucun scrupule et d'utiliser tous les moyens pour augmenter sa fortune. À compter de 1870, il connaît des difficultés financières, dont trois faillites, mais il réussit toujours à se redresser. Il fut député, en même temps, à Québec et à Ottawa, comme représentant de Yamaska et de Drummond, sous l'étiquette libérale, de 1867 à 1872. Il est nommé sénateur en 1887.

80. Rodolphe *Forget* (1861-1919) fut initié au monde de la finance par son oncle, le sénateur Louis-Joseph Forget (1853-1911), propriétaire de l'une des plus grosses mai-

sons de courtage au Canada et qui comptait parmi ses clients Wilfrid Laurier, premier ministre du Canada, et Lomer Gouin (1861-1929), premier ministre du Québec. En 1907, Rodolphe Forget fonde sa propre maison et place des obligations canadiennes sur le marché français. Quelques mois auparavant, son oncle avait sollicité l'intervention de son ami Laurier auprès du ministre des Affaires étrangères de France pour obtenir l'inscription des actions de l'une de ses compagnies à la Bourse de Paris. Rodolphe Forget fut député de Charlevoix à Ottawa, de 1904 à 1917. Il fut, comme son oncle, président de la Bourse de Montréal. Il fut fait chevalier en 1912.

81. Samuel *Butler* (1835-1902), peintre et écrivain anglais, a séjourné au Canada de juin 1874 à la fin 1875, afin de s'occuper de placements effectués dans des compagnies canadiennes. Certaines feront faillite, dont la Grand Trunk and Erie Railways et la Foreign Patent Steam Engine. Son roman *Erewhon* (anagramme de *nowhere*, «nulle part») n'a pas été écrit à Montréal: Butler l'avait publié à ses frais, et anonymement, à Londres en 1872. L'ouvrage fut traduit en 1920 par l'écrivain français Valéry Larbaud (1881-1957). Montréal a cependant inspiré à Butler son célèbre «Psalm of Montreal», paru le 18 mai 1878 dans *The Spectator* de Londres et repris en 1912, dans *The Notebooks of Samuel Butler, author of «Erewhon»*. Durant son séjour au Canada, interrompu par un court voyage en Angleterre, il rédigea son essai *Life and Habit*, œuvre éditée en décembre 1877.

82. Louis *Hamelin* (1650-1718), seigneur de Grondines, fut l'associé de Pierre Gaultier de La Vérendrye (1685-1749) et participa à ses expéditions vers l'Ouest. Il séjourna notamment dans la région du Missouri d'où il ramena des esclaves amérindiens qui appartenaient à la tribu des Pawnees.

83. Les *Zoulous*, une tribu de guerriers de l'Afrique aus-
trale, donnèrent beaucoup de difficultés aux Britanniques
à la fin du xixe siècle. Le terme *Zoulous*, placé dans la
bouche du chanoine Tourigny, s'applique sans doute à
tous les Noirs d'Afrique qui étaient évangélisés par des
missionnaires québécois. Le Gabon, une ancienne colonie
française, représente, en termes géographiques, toute
l'Afrique noire. Après le concile Vatican II, qui s'est terminé en décembre 1965, plusieurs communautés de cloîtrées sentirent le besoin de s'impliquer dans le monde et
s'installèrent en Afrique. Elles recrutèrent chez les filles
sorties de leur famille et souvent victimes de la prosti-
tution. Cela pourrait expliquer la remarque du chanoine.

Dans le glossaire québécois, le terme *Zoulou* a souvent des connotations péjoratives et dans plusieurs textes
de Ferron, il pourrait être associé à celui de *Magoua*.

84. Le patronyme fictif de *Portenqueue* est un surnom de
la famille Ferron, utilisé dans *L'Amélanchier*. Babalou est
le prénom adopté par la troisième fille de Marcelle, artiste-
peintre bien connue, sœur cadette de l'auteur.

85. Henri *Christophe* (1767-1820), un ancien esclave, devint président d'Haïti en 1807. Quand il se proclama roi,
en 1811, il voulut imiter la cour de Louis XIV et se fit
alors construire une forteresse gigantesque: c'est le château du roi Christophe.

86. Joseph-Louis-Léandre *Hamelin*, qui vécut de 1851 à
1910, s'était fixé à Louiseville «au coin sud-est des rues
Saint-Laurent et Notre-Dame» (Germain Lesage, *Histoire
de Louiseville, 1665-1960*, Louiseville, Presbytère de
Louiseville, 1961, p. 221), c'est-à-dire le 4 de la rue
Saint-Laurent, dans cette *maison à cinq portes* où Jacques
Ferron est né. L'historien dit de Hamelin qu'il était un

«médecin consciencieux» et qu'il se mêla activement de politique.

87. *Chacoura* est le nom d'une petite rivière, affluent de la petite rivière du Loup. Elle a donné son nom à un rang (une «concession») de Saint-Léon-le-Grand, dans le comté de Maskinongé. Une famille d'agriculteurs du nom de Lesage y a vécu. Dans son *Histoire de Louiseville*, Lesage indique que l'ancêtre de Jean Lesage, premier ministre du Québec de 1960 à 1966, était né à Chacoura.

88. Hermine Prévost (1885-1953), mère du poète Hector de Saint-Denys Garneau (1912-1943), avait épousé, en 1911, le banquier Paul *Garneau* (1876-1953). Elle était la fille du lieutenant-colonel Oscar Prévost. Le 26 octobre 1912, elle avait acheté le manoir seigneurial de Sainte-Catherine-de-Fossambault. C'est à cette dame Garneau que Ferron a dédié sa chronique romanesque, *Le Ciel de Québec*.

89. Le portrait que Ferron trace très brièvement d'*Irène Lamy* correspond à celui d'Irène Caron, une tante qu'il aimait beaucoup. Demeurée célibataire toute sa vie, elle exerça le métier d'infirmière à Montréal. Elle mourut de la tuberculose, à l'âge de trente ans. Son grand-père, Georges Caron (1823-1902), avait été député de Maskinongé de 1858 à 1863. Irène Caron a fait l'objet d'une historiette, «Irène», publiée dans *L'Information médicale et paramédicale*, le 6 juillet 1976.

90. À partir de 1850, la demande de l'*avoine* a augmenté: il fallait nourrir les chevaux des colons et des compagnies forestières, ainsi que le bétail de l'Ouest. Puis, vers 1900, c'est au tour du *foin* d'être en demande. Trois grands marchés s'ouvrent aux agriculteurs établis sur les territoires les plus riches du Québec, la plaine de Montréal et

les terres autour du lac Saint-Pierre: le marché de l'Ouest, celui des chantiers forestiers et celui des États-Unis. Grâce au foin qui poussait bien, sans engrais, beaucoup de cultivateurs purent s'enrichir rapidement. Toutefois l'automobile connaissait un rapide développement et allait déclasser les bêtes de trait. Les cultivateurs n'avaient pas vu venir ce passage de l'ère du foin et de l'avoine à celle du pétrole. Le cas d'un important cultivateur du comté de Maskinongé, Édouard Caron (1830-1900), est un bon exemple de ces réussites économiques et sociales. En 1881, Caron a encaissé 6 000 $ pour la vente de foin à une société de New York. (Voir l'article de Joceleyn Morneau, «Caron, Édouard», dans le *Dictionnaire biographique du Canada*, vol. XII, Québec, Presses de l'Université Laval, p. 174.) Le géographe Raoul Blanchard a également bien décrit cette «fièvre du foin» dans son essai *Le Canada français* (p. 121-122).

91. La *valériane* et les *bromures* ne sont que deux des innombrables substances qu'on utilisait pour le soulagement des malades aux prises avec la tuberculose pulmonaire, appelée le plus souvent *phtysie*. En 1944, avec la découverte d'un antibiotique, la streptomycine, on assistera à la régression de la maladie. Aucun traitement définitif de la maladie n'existait avant cette découverte. Au début du siècle, si des médecins ont pu suggérer des médications et des traitements, ils comptaient plus sur l'effet psychologique de leurs prescriptions que sur les vertus proprement thérapeutiques des substances. Sur ce sujet, on pourra lire l'émouvant essai d'Isabelle Greller et Caroline Kruse, *Histoires de la tuberculose. Les Fièvres de l'âme, 1800-1940* (Paris, Ramsay, coll. «Les raisons du corps», 1983, en particulier «L'impuissance thérapeutique», p. 95-108).

BIBLIOGRAPHIE

A. ŒUVRES DE JACQUES FERRON*

THÉÂTRE

Aux Éditions d'Orphée

La Barbe de François Hertel, suivi de *Le Licou*, [1953?],
    40 p.
    Autres éditions, chez le même éditeur:
    les deux œuvres, en 1956, 110 p.;
    Le Licou, en 1958, 103 p.
    La Barbe...: Éditions du Jour, 1970, 127 p. et VLB
    éditeur, 1981, 56 p.
Le Dodu ou le Prix du bonheur, 1956, 91 p.
    Autre édition:
    dans *Théâtre 2*, Librairie Déom, 1975.
Tante Élise ou le Prix de l'amour, 1956, 102 p.
    Autres éditions:
    dans *Théâtre 1*, Librairie Déom, 1968; l'Hexagone,
    1990.

---

* Sauf indication contraire, le lieu d'édition est Montréal.

Le Cheval de Don Juan, 1957, 223 p.

> Autres éditions, — version remaniée:
> dans *Théâtre 1*, Librairie Déom, 1968; l'Hexagone, 1990.

Les Grands Soleils, 1958, 180 p.

> Autres éditions, — version remaniée:
> dans *Théâtre 1*, Librairie Déom, 1968; l'Hexagone, 1990.

Cazou ou le Prix de la virginité, 1963, 86 p.

> Autre édition:
> dans *Théâtre 1*, l'Hexagone, 1990.

Chez d'autres éditeurs

L'Ogre, Les Cahiers de la file indienne, 1949, 83 p.

> Autre édition:
> dans *Théâtre 1*, l'Hexagone, 1990.

La Tête du roi, Association générale des étudiants de l'Université de Montréal, 1963 (coll. «Cahiers», 10), 93 p.

> Autre édition:
> dans *Théâtre 2*, Librairie Déom, 1975.

La Sortie, dans *Écrits du Canada français*, 19, 1965, p. 109-145.

Théâtre 1: Les Grands Soleils; Tante Élise; Le Don Juan chrétien, Librairie Déom, 1968, 229 p.

> Autre édition:
> *Théâtre 1: L'ogre; Tante Élise; Cazou; Le Don Juan chrétien; Les Grands Soleils*, l'Hexagone (coll. «Typo-théâtre», 47), 1990, 554 p.

Le Cœur d'une mère, dans *Écrits du Canada français*, 25, 1969, p. 55-94.

Théâtre 2: Le Dodu; La Mort de monsieur Borduas; Le Permis de dramaturge; La Tête du roi; L'Impromptu des deux chiens, Librairie Déom, 1975, 192 p.

ROMANS, CONTES ET RÉCITS

Contes du pays incertain, Éditions d'Orphée, 1962, 200 p.
> Autre édition:
> dans «l'édition intégrale» des *Contes*, Éditions HMH, 1968 et 1985.
> Traductions:
> quelques contes, dans *Tales from the Uncertain Country*, en 1972, et dans *Selected Tales of Jacques Ferron*, en 1984, recueils publiés chez Anansi, Toronto.

Cotnoir, Éditions d'Orphée, 1962, 99 p.
> Autres éditions:
> aux Éditions du Jour (coll. «Les romanciers du jour», R-57), 1970, 127 p. et chez VLB éditeur, 1981, 111 p.
> Traduction:
> sous le titre *Dr. Cotnoir*, Harvest House, 1973.

Contes anglais et autres, Éditions d'Orphée, 1964, 153 p.
> Autres éditions:
> dans «l'édition intégrale» des *Contes*, Éditions HMH, 1968 et 1985.
> Traductions:
> quelques contes, dans *Tales from the Uncertain Country*, 1972, et dans *Selected Tales of Jacques Ferron*, 1984.

La Nuit, Éditions Parti pris (coll. «Paroles», 4), 1965, 134 p.
> Autres éditions:
> aux Éditions France-Québec, Montréal/Paris, Fernand Nathan (coll. «Classiques du monde»), 1979, 109 p.;
> dans une version «nouvelle», dans *Les Confitures de coings et autres textes*, en 1972 et en 1977.

* Avec l'«Appendice aux *Confitures de coings*»: l'Hexagone (coll. «Typo-récits», 49), 1990, 190 p.

Papa Boss, Éditions Parti pris (coll. «Paroles», 8), 1966, 142 p.

Autres éditions, texte remanié:

dans *Les Confitures de coings et autres textes*, en 1972 et en 1977.

Avec «La créance»: l'Hexagone (coll. «Typo-récits», 52), 1990, 147 p.

Traduction:

dans la revue *Exile*, en 1972; reprise dans le recueil *Quince Jam*, Toronto, Coach House, 1977.

Contes, édition intégrale: *Contes du pays incertain; Contes du pays anglais; Contes inédits*, Éditions HMH (coll. «L'arbre», G-4), 1968, 210 pages.

Nouvelle édition:

Éditions HMH, 1985, 236 pages.

La Charrette, Éditions HMH (coll. «L'arbre», 14), 1968, 207 p.

Traduction:

The Cart, Toronto, Exile Editions, 1981.

*Le Ciel de Québe*c, Éditions du Jour (coll. «Les romanciers du jour», R-51), 1969, 403 p.

Autre édition:

chez VLB éditeur, en 1979, 408 p.

Traduction:

The Penniless Redeemer, Toronto, Exile Editions, 1984.

L'Amélanchier, Éditions du Jour (coll. «Les romanciers du jour», R-56), 1970, 163 p.

Autres éditions:

Paris, Robert Laffont, 1973, 162 p.;

VLB éditeur, 1977, 149 p.; 1986 et 1987 (coll. «Courant»), 207 p.;

Éditions Typo («Roman», 72), 1992, 207 p.
Traduction:
The Juneberry Tree, Harvest House, 1975.

Le Salut de l'Irlande, Éditions du Jour (coll. «Les romanciers du jour», R-69), 1970, 221 p.

Les Roses sauvages, Éditions du Jour (coll. «Les romanciers du jour», R-75), 1971, 177 p.
Autre édition:
VLB éditeur (coll. «Courant», 11), 1990, 246 p.
Traduction:
Wild Roses, Toronto, McLelland and Stewart, 1976.

La Chaise du maréchal ferrant, Éditions du Jour (coll. «Les romanciers du jour», R-80), 1972, 223 p.

Le «Saint-Élias», Éditions du Jour (coll. «Les romanciers du jour», R-85), 1972, 186 p.
Traduction:
The «Saint Elias», Harvest House, 1975, 145 p.

Les Confitures de coings et autres textes, Parti pris (coll. «Paroles», 21), 1972, 326 p.
Autres éditions:
Parti pris (coll. «Projections libérantes», 3), 1977, 293 p. et, amputée de *Papa Boss* et de «La créance», l'Hexagone (coll. «Typo-récits», 49), 1990, 190 p.
Traduction:
Quince Jam, Toronto, Coach House, 1977.

Gaspé-Mattempa, Trois-Rivières, Éditions du Bien public, 1980, 52 p.

Rosaire précédé de *L'Exécution de Maski*, VLB éditeur, 1981, 197 p.

Recueils de textes divers

Historiettes, Éditions du Jour (coll. «Les romanciers du jour», R-43), 1969, 182 p.

Du fond de mon arrière-cuisine, Éditions du Jour (coll. «Les romanciers du jour», R-105), 1973, 290 p.

Escarmouches. La Longue Passe, deux tomes, Leméac (coll. «Indépendances», 3), 1975, 391 et 227 p.

Les Lettres aux journaux, VLB éditeur, 1985, 586 p.

Le Choix de Jacques Ferron dans l'œuvre de Jacques Ferron, Québec, Les Presses laurentiennes, 1985, 79 p.

Reprise de trois textes:

La Chaise du maréchal ferrant (extrait); «Les salicaires»; «La créance».

La Conférence inachevée. Le Pas de Gamelin et autres récits, VLB éditeur, 1987, 238 p.

Le Désarroi - correspondance (avec Julien Bigras), VLB éditeur, 1988, 176 p.

Le Contentieux de l'Acadie, VLB éditeur, 1991, 271 p.

Une amitié bien particulière (Lettres de Jacques Ferron à John Grube), Boréal, 1990, 255 p.

PIÈCES RADIOPHONIQUES
Diffusées au réseau MF de Radio-Canada

«J'ai déserté Saint-Jean-de-Dieu», 14 octobre 1971.

«Les cartes de crédit», 14 novembre 1972.

«Les yeux», 4 octobre 1974.

«La ligue des bienfaiteurs de l'humanité», 28 février 1975.

B. ÉTUDES

BEAULIEU, Victor-Lévy, «Un notable chez les affreux: Jacques Ferron», *Le Nouveau Samedi*, vol. LXXXIV, n⁰ 27, 17 décembre 1972, p. 46.

BEAULIEU, Victor-Lévy, *Docteur Ferron. Pèlerinage*, Montréal, Stanké, 1991, 417 p.

BEAULIEU, Victor-Lévy, *Entre la sainteté et le terrorisme*, Montréal, VLB éditeur, 1984, 493 p.; surtout p. 490-491.

BEDNARSKI, Betty, *Autour de Jacques Ferron. Littérature, traduction, altérité*, Toronto, Éditions du GREF, 1989, 152 p.

BISHOP, Neil B., «Vers une mythologie de la renaissance: Le *"Saint-Élias"*», *Voix et images*, vol. VIII, n⁰ 3, printemps 1983, p. 455-464.

BISHOP, Neil B., «Structures idéologiques, spatiales et temporelles dans Le *"Saint-Élias"*», *Revue de l'Université d'Ottawa*, janvier-mars 1984, p. 65-89.

BOUCHER, Jean-Pierre, *Jacques Ferron au pays des amélanchiers*, Montréal, Presses de l'Université de Montréal (coll. «Lignes québécoises: textuelles»), 1973, 112 p.

CANTIN, Pierre, «Nouvelle contribution à la bibliographie des écrits de Jacques Ferron», *Revue d'histoire littéraire du Québec et du Canada français*, n⁰ 2, 1980-1981, Montréal, Bellarmin, p. 115-135.

CANTIN, Pierre, «Bibliographie sélective de Jacques Ferron», *Voix et images*, vol. VIII, n⁰ 3, printemps 1983, p. 465-477.

CANTIN, Pierre, *Jacques Ferron polygraphe. Essai de bibliographie suivi d'une chronologie*, Montréal,

Bellarmin, 1984, 548 p.; surtout p. 211-213 et p. 351-353.

DUFAULT, Alain, «*Le "Saint-Élias"*, le trois-mâts de Batiscan», *Le Bien public*, 61e année, no 41, 20 octobre 1972, p. 7.

ELLENWOOD, Ray, «How to Quince Words. A Translator Reflects on Jacques Ferron, the Political Doctor Who Writes with a Scalpel», *Books in Canada*, vol. V, no 5, mars 1976, p. 8-11.

ELLENWOOD, Ray, «Morley Callaghan, Jacques Ferron, and the Dialectic of Good and Evil», dans *The Gallaghan Symposium*, Ottawa, University of Ottawa Press, 1981, p. 37-46.

ÉTHIER-BLAIS, Jean, «L'homme-Ferron est dans son œuvre et ses lettres», *Le Devoir*, 3 décembre 1988, p. D-8.

GAUVREAU, Luc, «Index onomastique de l'œuvre de Jacques Ferron», 1992, 128 + 36 feuillets. Manuscrit.

GRUBE, John, «Le chemin de Ferron. The Doctor, Journalist, Politician, Joker and "Godfather" of Quebec Letters», *Books in Canada*, vol. IV, no 1, janvier 1975, p. 8-9.

GRUBE, John, «Introduction» dans Jacques Ferron, *Une amitié bien particulière*, Montréal, Boréal, 1990, p. 7-22.

HURTEAU, Laure, «Les éditions canadiennes. *Le "Saint-Élias"*», *L'Information médicale et paramédicale*, vol. XXIV, no 24, 7 novembre 1972, p. 29.

JASMIN, Claude, «Arts et spectacles. *Le "Saint-Élias"*: le roman de l'amour des siens», *L'Actualité*, vol. XII, no 12, décembre 1972, p. 12.

L'HÉRAULT, Pierre, «Jacques Ferron et la question nationale», *Dérives*, nos 14-15, 1978, p. 3-23.

L'HÉRAULT, Pierre, *Jacques Ferron, cartographe de l'imaginaire*, Montréal, PUM (coll. «Lignes québécoises»), 1980, 293 p.

L'HÉRAULT, Pierre, «*Le "Saint-Élias"*», dans *Dictionnaire des œuvres littéraires du Québec*, t. V, 1970-1975, Montréal, Fides, 1987, p. 802-803.

MARCOTTE, Gilles, «Jacques Ferron, côté village», *Études françaises*, vol. XII, nos 3-4, octobre 1976, p. 217-236.

MARTEL, Réginald, «Un joyeux mélange d'histoire et de légende», *La Presse*, 88e année, no 255, 2 décembre 1972, p. E3.

[PAQUETTE], Jean Marcel, *Jacques Ferron malgré lui*, Montréal, Parti pris (coll. «Frères chasseurs», 1), 1978, 285 p.

PAQUETTE, Jean-Marcel, «De l'essai dans le récit au récit dans l'essai chez Jacques Ferron», dans *L'Essai et la Prose d'idées au Québec*, Montréal, Fides (coll. «Archives des lettres canadiennes», 6), 1985, p. 621-642.

[PELLETIER, Claude], *Jacques Ferron, dossier de presse 1950-1981*, Sherbrooke, Bibliothèque du Séminaire de Sherbrooke, 1981, [s.p.].

[PELLETIER, Claude], *Romanciers québécois - VI, dossiers de presse*, Sherbrooke, Bibliothèque du Séminaire de Sherbrooke, 1986, 127 p.

PELLETIER Jacques et Pierre L'HÉRAULT, «L'écrivain est un cénobite. Entrevue avec Jacques Ferron», *Voix et images*, vol. VIII, no 3, printemps 1983, p. 397-405.

POULIN, Gabrielle, «La conscience incertaine d'un "pays incertain"», *Relations*, décembre 1972, p. 341-343. Repris dans *Romans du pays. 1968-1979*, Montréal, Bellarmin, 1984, p. 36-45.

RENAUD, André, «*La Chaise du maréchal ferrant* et *Le "Saint-Élias"* de Jacques Ferron», *Livres et Auteurs québécois 1972*, Montréal, Éditions Jumonville, 1972, p. 42-45.

SMITH, Donald, «Jacques Ferron ou la folie d'écrire», *Lettres québécoises*, n⁰ 6, avril-mai 1977, p. 34-41. Reproduit dans *L'Écrivain devant son œuvre*, Montréal, Québec/Amérique (coll. «Littérature d'Amérique. Essai»), 1983, p. 86-107.

THÉBERGE, Jean-Yves, «De Batiscan et de Erewhon, *Le "Saint-Élias"*», *Le Canada français*, 113ᵉ année, n⁰ 24, 1ᵉʳ novembre 1972, p. 64.

TREMBLAY, Régis, «Ferron a-t-il relu *Le "Saint-Élias"*?», *Le Soleil*, 76ᵉ année, n⁰ 261, 4 novembre 1972, p. 72.

SOMMAIRE BIOGRAPHIQUE

1921   Naissance, le 20 janvier, à Louiseville, comté de
        Maskinongé, de Jacques Ferron, fils aîné de
        Joseph-Alphonse Ferron, notaire, et d'Adrienne
        Caron. Il est baptisé le jour même; le parrain est
        son grand-père, Benjamin Ferron, cultivateur à
        Saint-Léon-le-Grand, la marraine, sa grand-
        mère, Victoria Lescadres.

1926   Études primaires à l'Académie Saint-Louis-de-
        Gonzague, à Louiseville, de septembre 1926 à
        juin 1931.

1931   Le 5 mars, mort de sa mère.

        En septembre, il poursuivra son cours primaire à
        Trois-Rivières, au Jardin de l'enfance, où il sera
        pensionnaire jusqu'à la fin de juin 1933.

1933   En septembre, il commence son cours classique
        chez les jésuites, au Collège Jean-de-Brébeuf
        (Montréal). Renvoyé de cet établissement en
        septembre 1936, il finira l'année scolaire au
        Collège Saint-Laurent. Admis de nouveau à
        Brébeuf l'année suivante, il en sera renvoyé en

février 1941 et devra compléter son cours au Collège de l'Assomption.

1941   En septembre, il débute ses études de médecine à l'Université Laval (Québec).

1943   Le 22 juillet, à Nicolet, il épouse Madeleine Therrien, étudiante en droit à l'Université Laval. Le couple aura une fille, Josephte-Anne, née en 1947, et se séparera en avril 1949.

En novembre, il s'enrôle dans le Corps médical royal canadien.

1945   En juin, il est reçu médecin.

En juillet, il poursuit son instruction militaire, d'abord à Vernon (Colombie-Britannique), puis à Borden (Ontario). Il est affecté à plusieurs postes au Nouveau-Brunswick et au Québec, avant d'être démobilisé en juin 1946.

1946   À l'été, il choisit d'aller pratiquer sa profession en Gaspésie. Il s'installe brièvement à Petite-Madeleine, puis à Sainte-Madeleine-de-la-Rivière-Madeleine.

1947   Le 5 mars, décès de son père.

1948   À l'automne, il revient à Montréal et ouvre un cabinet de consultation, rue Fleurimont.

1949   À l'été, il déménage son bureau à Jacques-Cartier, ville ouvrière de la rive sud de Montréal.

En décembre, parution de son premier ouvrage. *L'Ogre*, une pièce de théâtre publiée à compte d'auteur aux Cahiers de la File indienne du poète Gilles Hénault.

1950   En mai, il est admis au sein de la Société des écrivains canadiens.

1951   Le 2 janvier, il fait paraître un texte à caractère autobiographique dans *L'Information médicale et paramédicale*. C'est le début d'une collaboration assidue qui ne prendra fin qu'avec la disparition du périodique, en 1980.

1952   Le 28 juin, il épouse Madeleine Lavallée. Trois enfants naîtront de cette union: Marie (1953), Martine (1956) et Jean-Olivier (1958).

1953   Parution de *La Barbe de François Hertel* suivi de *Le Licou*.

1954   Il est membre de la direction du Congrès canadien pour la paix.

1956   Publication de deux pièces: *Le Dodu*, en février, et *Tante Élise*, en décembre.

1957   En septembre, parution du *Cheval de Don Juan*.

        Il devient l'un des directeurs élus de la Société des écrivains canadiens.

1958   Aux élections fédérales du 31 mars, il est candidat du Parti social démocrate — qui deviendra le Nouveau Parti démocratique — dans Longueuil.

        En mai, publication des *Grands Soleils*, pièce soumise, l'année précédente, au premier concours d'œuvres dramatiques du Théâtre du Nouveau-Monde.

        Durant l'année, création à la scène de quatre pièces: *Le Licou*, *Le Dodu*, *Le Cheval de Don Juan* et *L'Ogre*.

1959   En janvier, il participe à la création de la revue *Situations*.

1960   Les 25 et 26 mars, *Le Licou* est jouée à la Maison du Canada, à Paris.

         Le 1er avril, il démissionne du PSD.

         En août, il participe à la fondation de l'Action socialiste pour l'indépendance du Québec.

1961   En janvier et en mars, reprise du *Cheval de Don Juan*.

         En avril, création à la scène de *L'Américaine*.

         En octobre et en novembre, il collabore brièvement au quotidien montréalais *Le Nouveau Journal*.

1962   Le 15 février, parution des *Contes du pays incertain*, recueil qui lui vaudra le prix du Gouverneur général.

         Le 20 mai, lancement de *Cotnoir*.

         En décembre, il est réélu au conseil de direction de la Société des écrivains canadiens.

1963   Le 19 avril, lancement de *La Tête du roi*.

         À l'automne, avec des amis et des proches, il crée le Parti Rhinocéros.

         Collaboration à la revue *Parti pris*.

         Le 18 décembre, parution de *Cazou ou le Prix de la virginité*.

1964   En mai, parution des *Contes anglais et autres*.

1965   En avril, publication de *La Nuit*.

14 septembre, création à la scène de *La Sortie*.

1966   En avril, parution de *Papa Boss*.

En mai, il se joint à l'équipe des médecins de l'hôpital psychiatrique du Mont-Providence (le «Mont-Thabor» de *L'Amélanchier*), devenu, en 1969, l'hôpital Rivière-des-Prairies. Il y travaillera jusqu'en novembre 1967.

Le 5 juin, il est le candidat du Rassemblement pour l'indépendance nationale dans Taillon.

1968   En janvier, création, par le Théâtre du Nouveau-Monde, des *Grands Soleils*. La pièce est présentée dans plus de 44 villes du Québec, de l'Ontario et du Nouveau-Brunswick, avant de prendre l'affiche à Montréal, du 25 avril au 26 mai.

En décembre, lancement de trois ouvrages: le 13, l'édition «intégrale» des *Contes*; le 17, *Théâtre 1*; le 19, *La Charrette*.

1969   En février, publication, dans les *Écrits du Canada français*, du *Cœur d'une mère*.

Le 30 avril, parution des *Historiettes*.

Le 11 mai, dans l'hebdomadaire *Le Petit Journal*, il entreprend une chronique littéraire qu'il rédigera jusqu'au 10 mai de l'année suivante.

Le 2 septembre, lancement du *Ciel de Québec*.

Adhésion au Parti québécois.

1970   Le 11 mars, lancement de *L'Amélanchier* et de la réédition de *Cotnoir* suivi de *La Barbe de François Hertel*.

Le 16 mars, il entre, à titre d'omnipraticien, à l'une des unités de l'hôpital psychiatrique Saint-Jean-de-Dieu, devenu en 1975 l'hôpital Louis-Hippolyte-Lafontaine.

De mars à décembre de l'année suivante, il est le titulaire de la chronique littéraire au *Magazine Maclean*.

Le 10 décembre, lancement du roman *Le Salut de l'Irlande*.

Le 28 décembre, il sert de médiateur lors de l'arrestation de Paul et Jacques Rose et de Francis Simard, trois membres du Front de libération du Québec recherchés pour l'enlèvement et la séquestration de Pierre Laporte, ministre dans la cabinet Bourassa.

1971   Le 16 septembre, lancement des *Roses sauvages*.

Le 14 octobre, au réseau MF de Radio-Canada, diffusion de la pièce «J'ai déserté Saint-Jean-de-Dieu».

1972   Le 22 mars, lancement de *La Chaise du maréchal ferrant*.

Le 10 mai, le roman *Les Roses sauvages* obtient le prix France-Québec.

En mai, parution de *Tales from the Uncertain Country*.

Le 29 août, *La Canada français*, un hebdomadaire de Longueuil, publie la première d'une série de chroniques consacrées à la crise d'Octobre.

Le 11 octobre, lancement du «*Saint-Élias*».

Le 30 octobre, il est candidat du Parti Rhinocéros aux élections fédérales, dans Hochelaga.

Le 23 novembre, la Société Saint-Jean-Baptiste de Montréal lui décerne le prix Duvernay.

Le 30 novembre, lancement des *Confitures de coings*.

Durant l'année, parution de la traduction anglaise de *Papa Boss*.

1973   Le 18 janvier, présentation de sa pièce «Les cartes de crédit», au réseau MF de Radio-Canada.

En mai, réédition de *L'Amélanchier* chez Robert Laffont, à Paris.

En juin, parution de *Dr. Cotnoir*.

En octobre, séjour à Varsovie, en Pologne, pour assister au congrès de l'Union mondiale des écrivains médecins.

1974   Aux élections du 8 juillet, il est candidat du Parti Rhinocéros dans Longueuil.

Le 4 octobre, présentation de la pièce radiophonique «Les yeux», au réseau MF de Radio-Canada.

Parution de la traduction du roman *Les Confitures de coings* sous le titre de *Quince Jam*.

1975   Le 28 février, au réseau MF de Radio-Canada, diffusion de la pièce «La ligue des bienfaiteurs de l'humanité».

En mai, parution de *Théâtre 2*.

En juin, publication de *The Juneberry Tree* (traduction anglaise de *L'Amélanchier*) et de *The «Saint Elias»*.

En septembre, lancement des deux tomes d'*Escarmouches*.

1976   Au début de l'année, parution de *Wild Roses*, traduction anglaise des *Roses sauvages*.

La revue *Études françaises* lui consacre son numéro d'octobre.

1977   En janvier, parution du recueil *Quince Jam*.

Du 23 juin au 27 août, au Théâtre du Bois-de-Coulonge (à Québec), reprise des *Grands Soleils*.

À l'automne, réédition des *Confitures de coings*.

À compter du 12 octobre, collaboration sporadique à la publication *Le Livre d'ici*.

Le 16 novembre, lancement, chez VLB éditeur, de la réédition de *L'Amélanchier*.

Le 19 décembre, on lui attribue le prix David pour l'ensemble de son œuvre; la cérémonie est diffusée sur les ondes du réseau de télévision de Radio-Québec.

1979   *La Tête de monsieur Ferron ou les Chians*, «une épopée drolatique», de Victor-Lévy Beaulieu, est jouée au Théâtre d'aujourd'hui, à Montréal. Le texte de la pièce est lancé le 15 mars chez VLB éditeur.

Au printemps, les éditions France-Québec (Montréal) et Fernand Nathan (Paris) publient *La Nuit*.

Le 22 mai, il est candidat du Parti Rhinocéros aux élections fédérales, dans Mont-Royal.

1980   Le 18 février, bien qu'il ait abdiqué son poste d'Éminence de la Grande Corne du Parti Rhinocéros, il est le candidat de ce parti dans Laprairie.

Le 11 mai, il est du nombre des 150 écrivains fondateurs du Regroupement pour le OUI.

En mai, parution de *Gaspé-Mattempa*.

1981   De janvier à novembre, collaboration au *Courrier médical*, publication qui a succédé à *L'Information médicale et paramédicale*.

En avril, parution de *Rosaire*, précédé de *L'Exécution de Maski*.

En novembre, membre d'honneur de l'Union des écrivains québécois.

Durant l'année, parution de *The Cart*.

1983   La revue *Voix et images* lui consacre un dossier (interview, études, bibliographie).

1984   Parution de *The Penniless Redeemer* (traduction du *Ciel de Québec*) et de *Selected Tales of Jacques Ferron*.

1985   Décès de Jacques Ferron, le 22 avril, à sa résidence de Saint-Lambert.

En mai, lancement du *Choix de Jacques Ferron dans l'œuvre de Jacques Ferron*.

Le 24 novembre, le Salon du livre de Montréal lui rend hommage et VLB éditeur lance un recueil de ses *Lettres au journaux*.

1986   VLB éditeur lance une nouvelle collection, «Courant», en publiant une nouvelle édition de *L'Amélanchier*.

1987   En mai, lancement de *La Conférence inachevée. La Pas de Gamelin et autres textes*.

En septembre, tirage supplémentaire de 20 000 exemplaires de *L'Amélanchier*, à l'occasion du Sommet de la francophonie de Québec.

En décembre, première de *Tinamer*, adaptation cinématographique de *L'Amélanchier*, une coproduction de l'Office national du film et de l'Association coopérative de production audio-visuelle; réalisation de Jean-Guy Noël.

1988   Parution, en novembre, du *Désarroi*, chez VLB éditeur, recueil rassemblant la correspondance de Ferron et de Julien Bigras, écrivain et psychanalyste.

1989   Parution, à Toronto, de l'essai de Betty Bednarski, *Autour de Ferron*.

Le 24 décembre, diffusion, en primeur, au réseau de télévision Radio-Québec, du film *Tinamer*.

1990   En mars réédition, chez VLB, dans la collection «Courant», des *Roses sauvages*.

En avril, réédition du *Théâtre 1*, augmentée de deux pièces: *L'Ogre* et *Cazou*.

En août, réédition du roman *Les Confitures de coings* et de son «Appendice...».

En août, réédition de *Papa Boss*, accompagné de «La créance».

En octobre, parution du recueil *Une amitié particulière*.

À l'automne, «Jacques Ferron en exotopie», livraison d'hiver 1990-1991 de la revue *Études littéraires*. Pierre Vadeboncœur, syndicaliste et écrivain, y présente dix lettres que Ferron lui a expédiées de 1940 à 1946.

1991   De janvier à mai, diffusion, au réseau MF de Radio-Canada, d'une série d'émissions écrites par Victor-Lévy Beaulieu et intitulée *Docteur Ferron*.

Au printemps, lancement de l'ouvrage de Victor-Lévy Beaulieu, *Docteur Ferron. Pèlerinage*.

Parution du recueil *Le Contentieux de l'Acadie*, en novembre, chez VLB éditeur.

1992   À l'automne, réédition de *L'Amélanchier*, aux Éditions Typo.

Les 5 et 6 novembre, se tient à l'Université McGill, à Montréal, le colloque organisé par le Département de langue et littérature française: «Présence de Jacques Ferron». Y sera fondée alors la Société d'études ferroniennes.

Du 7 au 11 décembre, diffusion, au réseau MF de Radio-Canada, dans le cadre de l'émission *En toutes lettres*, d'une série d'entretiens avec les participants au colloque de McGill.

CHOIX DE CRITIQUES
SUR *LE «SAINT-ÉLIAS*

Le «Saint-Élias» appartient aux romans de la seconde manière. Les personnages fabuleux que Ferron suscite ou ressuscite nous sont presque familiers. Dans les romans de l'autre manière, celle de *La Charrette* ou de *La Nuit*, le fantastique s'embrouillait lui-même, comme pris dans son propre mouvement; le lecteur risquait de se perdre dans la recherche, souvent vaine, de significations symboliques. À l'apparente gratuité de ces romans, a succédé l'intention nette d'être compris, de dessiner et de retoucher au besoin les vraies frontières des provinces québécoises, celles de la géographie mais aussi celles de l'âme. Ce mouvement est en réalité un retour, car *Le «Saint-Élias»* est un long conte, ou plutôt une succession de contes que relie un événement de nature anecdotique, la construction par les gens de Batiscan d'un trois-mâts qui donne au livre son titre.

[...]

Une nature morte qui s'anime

Ainsi est-il plus urgent de signaler l'actualité des thèmes que reprend Jacques Ferron d'un roman à l'autre, plutôt que de s'attarder vainement à une esthétique littéraire d'une exceptionnelle qualité et dont d'ailleurs il a été longuement question dans l'essai capital de Jean Marcel, *Jacques Ferron par lui-même* (Jour). Il y a évidemment le thème du pays, dégagé pour la première de la (belle) langue poétique qui fut sa principale tentative d'exposition pendant plusieurs années. Le pays poétique était assez flou, encombré à plein vers les rivières, de montagnes, d'arbres et, surtout, de neige: c'était un pays sans provinces et souvent, à part quelque femme un peu mythique, sans habitants. Chez Jacques Ferron, dont la poésie est d'un autre ordre, le pays n'est pas une nature morte: il parle, il vit, tantôt en Gaspésie, tantôt en Beauce, ailleurs encore. Dans *Le «Saint-Élias»*, la région de Batiscan devient le centre du monde, comme cela est naturel.

On ne résume pas un conte sans trahir, encore moins plusieurs. Mais il faut s'émerveiller devant la vérité de personnages comme le curé Tourigny, plus influent, dans son village de Batiscan et même au-delà, que l'évêque lui-même, comme le docteur Fauteux, mécréant et bon, qui est en réalité, par affinité de notables peut-être, le meilleur ami du curé: comme Marguerite Cossette, grande dame d'au moins six nations, dont la généalogie entortillée permet à Jacques Ferron d'affirmer une fois encore sa profonde sympathie pour les Amérindiens, dont nous serions tous plus ou moins les descendants. Et l'auteur du *«Saint-Élias»* d'y aller également d'un couplet sur la pollution, d'un autre sur le pillage scandaleux des forêts québécoises. Le tout baigne dans ce que la sagesse populaire a de meilleur.

RÉGINALD MARTEL
La Presse

❏

Un Jacques Ferron toujours aussi intéressant mais moins impressionnant nous revient avec son nouveau roman, Le «Saint-Élias». Le conteur captivant du Ciel de Québec met ici moins de formes à son récit, trahissant peut-être par là une certaine lassitude.

De la vie à peine romanesque de chacun de ces personnages, plus quelques connotations historiques, portant entre autres sur monseigneur Laflèche, et sur les délégués apostoliques de Pie XII, Jacques Ferron a tiré un récit quelque peu décousu, mais d'une vigoureuse saveur d'authenticité propre aux écrits sur la petite histoire.

L'auteur y met d'ailleurs du sien, ravivant la couleur du roman de son humour coutumier, plus irrévérencieux peut-être que d'habitude.

RÉGIS TREMBLAY
Le Soleil

❏

[…]

Le «Saint-Élias» est en fait une chronique: celle de Batiscan, beau nom de village québécois où vit une drôle de tribu, rassemblée comme il se doit autour des «valeurs» traditionnelles: le curé, le médecin et l'homme fort de la place, messire Philippe Cossette, propriétaire d'un pont péager, époux d'une femme à la lignée douteuse, mais noire de cheveux, à l'œil pétillant de malice. C'est dans ce petit monde qu'est baptisé le Saint-Élias, un trois-mâts, le seul bateau du genre bâti à Batiscan. Le sens de ce vaisseau est clair: il doit ouvrir le pays québécois. En prenant le fleuve et débouchant dans l'océan, il nous défenestre, il nous permet de sortir du pays.

[…]

Des portraits saisissants

La sympathie de Ferron va au bas clergé. Ecclésiastiques mis à part, il est l'un des seuls écrivains de chez nous à avoir compris que le p'tit curé québécois des p'tits villages québécois ne fut pas qu'un empêcheur de danser en rond. Le vrai p'tit curé québécois était un notable, comme Ferron. Ne serait-ce que pour la description qu'il fait du chanoine Tourigny, maître après Dieu et avant le puissant Mgr Laflèche du gouvernail de Batiscan, Le «Saint-Élias» serait déjà un livre fort recommandable.

L'une des plus belles pièces du «Saint-Élias», et pourquoi ne pas le dire, de notre littérature, est assurément la description des funérailles du docteur Fauteux.

VICTOR-LÉVY BEAULIEU
Le Nouveau Samedi

❑

Copiant le style clair et imagé des romanciers d'antan, Ferron évoque le lancement du trois-mâts de Batiscan, le *Saint-Élias*. C'est le prétexte à des tableaux animés où revivent des gens d'autrefois. L'écriture rappelle celle du récit *Menaud, maître-draveur.* Ce «conte» garde la candeur et la grandeur d'âme des écrits de l'époque de Félix-Antoine Savard et de Lionel Groulx.

En premier lieu, le clergé, avec ses façons bien particulières de l'époque des pionniers, y prend la place de choix; on y parle en termes imagés de curés et de chanoines et, surtout, de Mgr Laflèche, l'intrépide ultramontain que les Trifluviens ont connu et aimé. Les intrigues d'Église, compliquées et embarrassées, constituent la trame du récit. À chaque page, l'éloquence des ecclésiastiques enrobe de merveilleux les événements quotidiens de Batiscan: les naissances, les disputes et les morts. Dans ces conjonctures journalières opposant les personnages, on décrit leur comportement moral plus que les traits. Assez souvent, dans l'action qui se noue, on sent l'orage proche, signe des humeurs vives.

Le fantastique t'attend au détour, lecteur attentif et, si tu en es digne, tu parcourras jusqu'à la dernière ligne ce roman de haut vol dans lequel tu reconnaîtras, au-delà du style prolixe et du verbe volontairement grandiloquent, tes fiers ancêtres aux gestes drus.

ALAIN DUFAULT
Le Bien public

❏

Le prolifique Jacques Ferron vient de nous donner un livre attachant. Pour la première fois, il dépasse le sarcasme, un certain cynisme. Il dit tout haut ce qu'il aime. Il fait voir des personnages qui aiment. Qui s'aiment les uns les autres. Ferron ne joue plus! Le *Saint-Élias*, qui est un beau voilier de Batiscan, près de Trois-Rivières, n'est qu'une figure. De proue, bien entendu. Derrière, à terre, Ferron nous montre un médecin athée, un curé-chanoine de grand cœur, un vicaire en santé précaire qui acceptera la femme, la chair, la vie à continuer. Une vie nouvelle s'agite, le manuel d'histoire est déchiré. Ferron se hisse au-dessus de ses nombreux livres, il a fait un triage, il émerge de ses grimaces et de ses facéties passées, et il nous donne la petite histoire de quelques Québécois vivants et cela avant la guerre 14-

18, après le sombre épisode de la rébellion des patriotes de Papineau.

[...]

CLAUDE JASMIN
L'Actualité

❏

Ce roman, comme tous ceux de Jacques Ferron, est avant tout un ouvrage satirique. Puisant dans l'histoire (la petite, celle qui est la plus vraie) et l'anecdote, il met en présence des individus et des faits avec lesquels il s'amuse. Pour le commun des mortels, vous et moi, il n'est pas nécessaire d'aller vérifier s'il est bien vrai que le *Saint-Élias* fut un trois-mâts lancé à Batiscan, que l'abbé Armour Lupien a bel et bien existé et qu'il ait écrit un roman «dit d'action et d'aventure», que Mgr fit «un pèlerinage dans le champ du Potier pour faire ses religions à une grande idole à la face plate et aux totons tous nus», ou que Samuel Butler rédigea à Montréal son célèbre roman *Erewhon* (pays où les maladies humaines sont des fautes et le vol une indisposition excusable. On voit là un rapprochement avec les œuvres de Ferron). Des forts en thèse se chargeront de faire ces recherches. Nous lisons Ferron avec le sourire; il se moque de tout et de tous. Sans compter qu'il nous révèle un passé et une société qu'on ignorait.

[...]

JEAN-YVES THÉBERGE
Le Canada français

❏

On se demande s'il faut situer cette fable dans le temps ou dans l'espace du Québec. Il me semble que le présent récit du prolifique écrivain cherche à faire éclater et notre temps et notre espace et qu'il tendrait peut-être, lui aussi, à détruire la mythologie des vieilles institutions afin que se rejoignent, j'allais dire que se conjuguent, les hommes de ce «pays incertain».

[...]

Ce passage [du sermon de Tourigny] retient l'attention d'un lecteur qui, depuis une bonne douzaine d'années, se tient à l'écoute de Jacques Ferron, cet écrivain cabotin, enjôleur, fantaisiste et sérieux à la fois. Est-ce donc dire qu'après avoir dénombré et inventorié son propre territoire, Jacques Ferron opterait maintenant pour des excursions plus généreuses, au-delà des limites de son seul pays? Est-ce que *Le «Saint-Élias»* marquerait le vœu d'un internationalisme, c'est-à-dire la rencontre de notre peuple, enfin devenu, avec tous ceux du monde?

[...]

Dans le roman qui nous préoccupe ici, un bateau aura été construit par des gens de vieille souche, on dirait volontiers par ceux de la race pure. Il aura fait ses tours du monde pour revenir au port d'attache qui se trouve le port de naissance. Et à la fin du récit, toute certitude retrouve son contraire, c'est-à-dire le temps et l'espace de l'incertain: «Je suis roi d'un pays incertain.»

[...]

Dans ce récit multiple et très chargé, le *Saint-Élias* deviendrait la tentative et le signe d'une synthèse. C'est la seule interprétation que j'avance: elle demeure thématique et fuit délibérément toute quête esthétique. On se contentera de dire ici qu'au plan formel, le récit de Jacques Ferron manque de rigueur, sans doute aussi de sobriété. Il se trouve surchargé dans la mesure où beaucoup de paragraphes, voire quelques chapitres, ont fonction de remplissage. Conteur, Jacques Ferron prétend au rôle du romancier, flirtant un tantinet avec la nouvelle. Cette indécision ennuie puisqu'elle abandonne au lecteur le soin d'effectuer l'opération du triage et de l'épuration. D'aucuns affirmeraient que c'est une qualité...

ANDRÉ RENAUD
Livres et auteurs québécois

❏

Le *«Saint-Élias»* est le livre de l'extrême détresse devant la vie menacée et humiliée, celui de l'extrême tendresse aussi qui, pour tenir en respect le cynisme et le désespoir, s'obstine, malgré «l'intolérable», à laisser, pour la continuité, quelques signes de beauté.

Parce qu'il atteint à la sobriété du gratuit et du nécessaire, l'écrivain livre ici l'un de ses très beaux textes et donne à la littérature québécoise quelques-unes de ses meilleures pages, notamment celles qui racontent la singulière cérémonie que le curé Tourigny improvise en guise d'hommage à son ami suicidé, le docteur Fauteux. C'est à bon droit que les critiques considèrent Le *«Saint-Élias»* comme l'un des récits les plus achevés et les plus attachants de Ferron.

PIERRE L'HÉRAULT
DOLQ, t. V

❏

De l'avis de plusieurs, Le «Saint-Élias» pourrait être considéré comme l'un des romans les plus importants pour l'auteur du Ciel de Québec. Le nouveau-né s'avère une œuvre profondément québécoise du fait qu'il creuse un monde cher à Ferron: la petite histoire qui est la seule importante…

[…]

Jacques Ferron ne se prive pas de laisser courir sa verve, animée par un esprit railleur fort prisé de ses lecteurs. Le Québec semble une source inépuisable d'histoires savoureuses pour les auteurs à succès.

Ainsi donc, Le «Saint-Élias» est de ce genre d'ouvrages dont la lecture est libérante. S'il fallait en dire davantage, ce serait dépeindre l'auteur lui-même dont la source d'inspiration ne semble pas près de se tarir. Il est fort heureux qu'il en soit ainsi, car l'avenir nous en promet de belles.

LAURE HURTEAU
L'Information médicale et paramédicale

❏

[…]

Dans Le «Saint-Élias», grâce au talent de conteur de Jacques Ferron, le Québec prend les couleurs d'un pays de légende. La petite histoire d'une région et de ses habitants s'est cristallisée autour de la carrière glorieuse d'un trois-mâts qui, dans l'esprit de ses armateurs, devait briser «l'écrou de notre pays»…

[…]

Au curé Tourigny, la barque de Pierre, en effet, ne suffit plus qui ne saurait ramener les Batiscanais que vers la Ville éternelle, via le diocèse de Trois-Rivières. Il lui faut le *Saint-Élias* comme un nouveau pays sans frontière, affranchi du pays et de l'Église traditionnelle, libre d'aller où bon lui semble. Ce trois-mâts rapporte de chacun de ses voyages un souffle d'indépendance qui se répand sur Batiscan et qui permet aux esprits libres de se rencontrer et de fraterniser: le docteur Fauteux, nouveau Faust qui n'hésite pas à faire un pacte avec le curé Tourigny, Philippe Cossette, surnommé Mithridate, Marguerite, son épouse, et le vicaire Armour Lupien dont la courte carrière devait correspondre à celle du *Saint-Élias*. L'étendue des transformations survenues dans Batiscan, on peut l'appréhender en lisant le récit des funérailles du docteur Fauteux, qui est le sommet de ce roman.

GABRIELLE POULIN
Romans du pays

TABLE

AUTRES TITRES PARUS

Archambault, Gilles	*Le voyageur distrait* (R)18
Archambault, Gilles	*Les pins parasols* (R)20
Baillie, Robert	*Des filles de beauté* (R)40
Barcelo, François	*Agénor, Agénor, Agénor et Agénor* (R)23
Basile, Jean	*La jument des Mongols* (R)26
Basile, Jean	*Le grand Khan* (R)34
Basile, Jean	*Les voyages d'Irkoutsk* (R)37
Bersianik, Louky	*Le pique-nique sur l'Acropole* (R)66
Blais, Marie-Claire	*L'ange de la solitude* (R)71
Bonenfant, Réjean	*Un amour de papier* (R)41
Bonenfant, Réjean; Jacob, Louis	*Les trains d'exils* (R)43
Bouchard, Louise	*Les images* (R)36
Boucher, Denise	*Les fées ont soif* (T)38
Boucher, Denise; Gagnon, Madeleine	*Retailles. Essai-fiction* (E)27
Bourassa, André-G.	*Surréalisme et littérature québécoise* (E)8
Borduas, Paul-Émile	*Refus global et autres écrits* (E)48
Brossard, Nicole	*L'amèr ou Le chapitre effrité. Théorie-fiction* (E)22
Brossard, Nicole	*Picture Theory. Théorie-fiction* (E)39
Brunet, Berthelot	*Les hypocrites* (R)33
Brunet, Berthelot	*Le mariage blanc d'Armandine* (C)44

(C): contes; (E): essai; (F): fiction; (H): histoire; (N): nouvelles;
(P): poésie; (R): roman; (T): théâtre